VIH/SIDA:
CAUSAS PROFUNDAS

Manifestaciones de una sociedad enferma

Rosa Feijoo Andrade

Rosa Feijoo Andrade

UN REGALO GRATIS TE ESTÁ ESPERANDO

Gracias a tu compra, te ofrezco GRATUITAMENTE mi libro
ROMPECABEZAS, VIA INTERNET.

REGÍSTRATE AQUÍ:
https://us11.admin.mailchimp.com/lists/members/?id=409813

Te invito a visitar mi página web:

http://www.rfeijootrotamundos.com

Y mi blog:

https://viejitatrotamundos.blogspot.mx/

Rosa Feijoo Andrade

VIH/sida, causas profundas

INTRODUCCIÓN

Inicio este trabajo a partir de mi interés por encontrar las causas de la enorme expansión de la epidemia del VIH/sida a pesar de las campañas de prevención, porque las explicaciones que hasta ahora se han dado no me parecen suficientes. Mi hijo murió de sida hace 20 años. Es, por tanto, mi historia de vida la que me encauza.

En los 18 años que llevo dando conferencias-testimonio para ayudar a la prevención de esta enfermedad, ha ido surgiendo en mi mente la pregunta de por qué, a pesar de las campañas de prevención, de la recomendación del uso del condón y de agujas desechables, de información escrita en panfletos, periódicos, y en otros medios de comunicación, las personas se siguen infectando a una velocidad alarmante, no de VIH, sino de otras infecciones de trasmisión sexual, lo cual va de la mano con el incremento en los embarazos no deseados de adolescentes,. Es decir, es evidente que las relaciones sexuales no protegidas son cosa de todos los días.

Así pues, comienzo la investigación inventando una teoría muy casera, como toda mi filosofía de la vida, puesto que no soy profesional de la sicología, la antropología, la biología o cualquier otra profesión que pueda llevarme a una respuesta. Sin embargo, sé que puede ser tan válida como la de cualquier profesional renombrado, pues soy un habitante de este mundo, un ser pensante que se plantea preguntas y desea respuestas acerca de la problemática de la vida. En mi caso particular, a raíz de la muerte de mi hijo y de mi lucha contra esta enfermedad, estas interrogantes adquieren mayor significado.

Mi teoría parte de las historias que contaba mi madre. Mis padres fueron españoles, republicanos. Parte de la Guerra Civil de España (1936-39) la vivieron en Barcelona, sufriendo la escasez de alimento y combustible y la angustia de que una bomba les cayera encima en cualquier momento. Contaba ella que en la oficina donde trabajaba, las chicas jóvenes solteras, no tenían inhibición alguna para tener relaciones sexuales con sus novios o con cualquiera que pudieran, a pesar de los muchos tabúes que existían para una chica decente en aquella época.

Siento que, en la actualidad, en unas regiones más, en otros menos, como especie biológica, estamos todos amenazados. Nuestra existencia corre peligro intenso en zonas de guerra. Sin embargo, a lo lejos y por medio de la televisión y otros medios de comunicación "en vivo", también nos sentimos agredidos en casa. Y llevamos años así, viviendo una Tercera Guerra Mundial velada, que de pronto se expresa en una región, se calma, para luego surgir en otra. A eso, añadimos las amenazas que nos asedian diaria y directamente en forma de secuestros, asaltos, agresividad de los otros habitantes de la ciudad, violencia en los hogares, estrés, desempleo y enfermedades, en especial el VIH. Es decir, una situación de angustia constante que no tiene fronteras, que no respeta raza, estado económico, cultural, etc.

Como dijo Rodrigo, uno de mis alumnos, es terrible que ya no podamos ejercer nuestra sexualidad ni expresar nuestros sentimientos sin temor, sin libertad [pues vivimos en constante angustia]. De esta manera, pienso: el ser humano, al sentir que su vida está en peligro, recurre, entre otras cosas, a la relación sexual, que, en primera instancia y aunque sea brevemente, le da placer y una sensación de intimidad y cobijo muy necesaria para subsistir emocionalmente. Como especie amenazada continuamente y partiendo de un subconsciente colectivo ancestral, ¿no tendremos la tendencia a reproducirnos para preservar nuestra especie?

Si ese fuera el caso, a la hora de tener una relación sexual, la "orden" ancestral de reproducirse es tan fuerte y tan sumergida en el subconsciente, que lo aprendido racionalmente queda desactivado.

Esta es mi teoría y si así fuera, las campañas de prevención hechas hasta ahora son sumamente superficiales, y el problema sería mucho más profundo y más difícil de abordar.

A medida que avanzo en las lecturas preliminares para probar mi hipótesis me doy cuenta también de que hay mucho escrito; de que hay mucho que no comprendo, pues desde mi preparación Freud, Winnicott y Laplanche, y otros, resultan un tanto confusos. No soy experta y de esos textos y muchos otros, escojo ideas que, de una u otra forma, puedan probar mis ideas, y los transcribo tal cual, porque, humildemente, reconozco que sus voces tienen más peso que la mía.

Si sus ideas eran o no acertadas, si fueron o no rebatidas posteriormente por otros expertos, para el fin de este trabajo no importa, ya que pienso que si los temas de sexualidad, del papel del sexo en la evolución, la importancia de las hormonas, de los genes, de la situación del hombre en la sociedad y la manera cómo funcionan su pensamiento y sus sentimientos, fueron estudiados por ellos, es porque desde su punto de vista experto, sí son importantes y para mi investigación, relevantes.

Así pues, selecciono subjetivamente y esos textos los acompaño con mis comentarios, inexpertos claro está, pero al fin y al cabo míos y válidos porque ésta es mi investigación. No obstante, creo que podría tener otro valor muy auténtico: representar la voz de millones de inexpertos, a los que casi nunca se nos toma en cuenta. Creo que a veces, precisamente, la inexperiencia, inocente como la mente de un niño, nos puede llevar a captar fenómenos de una manera más fresca y más amplia.

Muchas de las ideas expresadas, al dividir el trabajo en subtemas, se repiten, pues es imposible disociar unas de otras totalmente, ya que el ser humano es mente y cuerpo, es integral, de forma que los conceptos se entrecruzan, se separan para volverse a encontrar, se sobreponen unos con otros. He tratado de expresar ideas y de citar a los expertos de la forma más clara posible. Espero haberlo logrado.

En mis comentarios expreso inquietudes e interrogantes, más no soluciones. Esas, se las dejo a los expertos, aunque tímidamente, aventuro alguna que otra posible solución.

Me remito a algunas de las obras de conocidos psicoanalistas y psicólogos, revistas y publicaciones mensuales, como Letra S del periódico La Jornada. Se escribe sobre el tema todos los días y es así que podría pasarme la vida encontrando nuevos elementos que puedan enriquecer este escrito. Esto es imposible y, por tanto, detengo mi investigación en marzo de 2004.

No tardo en darme cuenta de un elemento muy importante: las causas de la expansión del VIH son muchas, al menos las más evidentes, y diferentes, dependiendo de la región del mundo de que se trate. La situación de los habitantes de los países industrializados no es, ni por asomo, la misma de las mujeres en las zonas de guerra de África subsahariana, por ejemplo. Tampoco son las mismas entre los habitantes de las ciudades y los del campo, entre los jóvenes o entre los adultos, entre los de un nivel socioeconómico y los de otro, entre el hombre y la mujer.
El problema es complejo y es así que a través de investigaciones preliminares vislumbro una ardua tarea

para responder a mi pregunta inicial, pues hay que buscar las causas al nivel mundial y en el ámbito de mi país por un lado y, por el otro, intentar corroborar o descartar mi teoría.

Estudiar al hombre no es fácil. Con frecuencia, ni siquiera entendemos a nuestra pareja, a nuestros hijos o a nuestros padres, mucho menos a toda la humanidad. El ser humano es un compuesto de elementos biológicos, psicológicos y culturales que funcionan en conjunto influyéndose unos a otros. Sin embargo, de antemano sé que aprenderé mucho en el proceso y eso, ya es otra ganancia.

Como dice Víctor Frankl: "Se parte de la hipótesis de que el hombre es producto de dos factores, de dos fuerzas o poderes: la herencia y el entorno (...) Pero últimamente se ha visto que todos estos intentos de tratar el problema del hombre a partir de estos dos aspectos están destinados a fracasar, ya que (...) no se le puede analizar y mucho menos cambiar por esta vía (...) El factor hereditario no lo podemos modificar, y el medio solo en parte y no de pronto. Tenemos que creer en el poder del espíritu humano...su decisión que lo eleva por encima de su simple condicionamiento (...) A los prisioneros de guerra y a los ocupantes de los campos de concentración se les privó de todo menos de una cosa: de la libertad de adoptar una u otra actitud ante las condiciones en que vivían" (1)

ÍNDICE

Rosa Feijoo Andrade

1 IMPORTANCIA DEL VIH/SIDA

¿Qué papel juega el VIH/sida en la humanidad? Hace ya 20 años que nos ronda. Ha sido clasificada como pandemia y como crónica. Han muerto millones de personas, cada día se infectan más y más y las campañas de prevención no parecen ser efectivas.

"Después de 20 años de epidemia, la mayoría de las personas en el mundo sigue sin tener acceso a una prevención eficaz del VIH", dijo D. Gayle, vicepresidenta del Grupo de Trabajo Mundial sobre Prevención del VIH. (2)

Es una enfermedad que, desde que los seres humanos tomaron conciencia de su peligro y magnitud, tras los primeros casos en el área de San Francisco, produce en ellos una serie de miedos, distanciamientos, escisión, prejuicios y cuestionamientos morales. Se ha convertido en un fenómeno social íntimamente relacionado con los derechos humanos, con la falta de información veraz y con los prejuicios.

"El sida introduce una verdadera – y forzada - 'revolución' en la moral y en la ética sexuales contemporáneas" (3)

El VIH/sida ha ocasionado que los individuos se discriminen más, puesto que surgió en la comunidad homosexual, para luego presentarse entre una comunidad de haitianos y de ahí, más discriminación. Poco a poco, echando sus tentáculos, fue apoderándose de todos, sin importar raza, género, nacionalidad, religión o edad. Sin embargo, seguimos dando de lado a aquel que vive con el virus o que ya ha pasado a la etapa de sida.

Hizo surgir interrogantes acerca de la sexualidad, de los principios morales, del derecho a la libertad y la individualidad. Se cuestionaron los "estilos de vida", se culpó al paciente de su propia muerte, se le consideró merecedor de castigo por sus costumbres dudosas. De ese modo, yo, como individuo, no me siento culpable y nosotros, como sociedad, tampoco. Es una situación que nos aleja de sufrir pues los culpables son otros y ellos se lo merecen. Así, las causas y las consecuencias de la enfermedad siempre están en otros y esto nos permite seguir discriminando. El VIH/sida funcionó y funciona como revelador de las actitudes que caracterizan nuestra sociedad contemporánea en la que se ha visto afectada la consolidación de los lazos sociales.

"Propiciar víctimas – dice Riane Eisler – lleva a los temores y frustraciones de la gente, desde quienes tienen el poder para hacer algo respecto a los problemas que provocan estos dolorosos sentimientos hacia aquellos que tienen poco o ningún poder. De modo que en vez de descargar su rabia contra las autoridades civiles o religiosas que, en nombre de la moralidad tradicional, han hecho poco o nada para abortar eficazmente el sida, la gente se vuelve contra las prostitutas "pecadoras" y los homosexuales, haciéndolos responsables" (4)

El 9 de mayo de 2003, un joven o una joven anónimo-a, en una charla que di en su escuela de la ciudad de Jalapa me preguntó qué ventajas tenía esta enfermedad. Parece una pregunta banal; sin embargo, no me fue fácil responderla y, sobre todo, me dejó meditando. Ventajas, como enfermedad, creo que ninguna- le respondí. Sin embargo, a raíz de su aparición y con el fin de encontrar un medicamento que la cure o una vacuna que la prevenga, se han hecho grandes descubrimientos acerca del comportamiento de los virus en especial y de muchos otros microorganismos. Se han realizado también, muchas investigaciones acerca de por qué los seres humanos, somos heterosexuales, bisexuales, homosexuales; se han cuestionado tabúes e ideas de pecado, la sexualidad se está empezando a liberar y "los estilos de vida" de otros a respetar. Como muchas cosas en la vida, de las cosas malas pueden surgir muchas buenas.

El VIH/sida nos hace pensar en determinismos biológicos, psicológicos y culturales. Así, ¿qué sucede en la mente de un individuo consciente y educado sobre el peligro de esta enfermedad y el modo de prevenirla, cuando tiene una relación desprotegida? ¿Qué lleva, no solo a jóvenes, aunque ellos son la mayoría, sino a personas de todas las edades, a tener relaciones sexuales en esas condiciones, a sabiendas de que corren un alto riesgo? ¿Es irresponsabilidad o es algo más profundo? Eso es lo que trataré de descubrir a medida que avance en este estudio.

Tras seis meses de lecturas e investigación termino con la sensación de que he podido seguir buscando más teorías que de alguna manera me ayuden a probar la mía... Literatura hay mucha y cada día hay más investigaciones. No obstante, con lo que he descubierto hasta ahora me siento satisfecha, ya que encontré no una, sino varias respuestas a mi pregunta inicial de por qué, a pesar de las campañas de prevención, la epidemia de VIH/sida no ha podido ser controlada en los más de veinte años transcurridos desde su inicio. La respuesta está, a mi entender, en las "causas profundas" que repasaremos a lo largo de este escrito, el cual solo pretende ser una reflexión básica. Espero sea una invitación a mayores investigaciones y a buscar soluciones.

Rosa Feijoo Andrade

4

2 ALGUNAS CAUSAS QUE SALTAN A LA VISTA

Al terminar mis conferencias, acostumbro preguntar a los jóvenes oyentes cuáles creen que son las causas de la expansión rápida del VIH, a pesar de las campañas de prevención.

Las respuestas no han sido muchas y me da la impresión de que la mayoría no afronta seriamente la problemática, y es en esto precisamente, donde creo que radica la primera respuesta, ya expresada por Vivianne Hiriart en su libro *Nosotros sexo... ¿y usted?* En la que dice:

"Se ha presentado un fenómeno con efectos poco favorables para el control de la infección: mucha gente está saturada de información y ya no quiere oír hablar de sida" (5)

Este fenómeno, me temo, se da especialmente entre los jóvenes, quienes han nacido ya en la "Era del sida", y son muy dados a ser espontáneos en sus relaciones, a cerrar ojos y oídos ante los problemas graves, quizás porque en el fondo se sienten aún desvalidos e incapaces de solucionar nada; porque el sida significa una mala noticia que amenaza su futuro y prefieren ignorarla.

Por otro lado, es frecuente que sientan que a "ellos" eso no les puede pasar, actitud muy humana, a toda edad, pero especialmente en la juventud en que, por falta de vivencias, ve todo color de rosa, "la ilusión que tienen miles de que eso no les puede ocurrir" (6)

Una joven en la ciudad de Xalapa me hizo la siguiente reflexión: "Si ya tuve una relación sexual desprotegida, prefiero ignorar ahora lo que me puede pasar pues al saberlo, entraré en pánico total, lo cual me angustia y arruina mi presente. Hoy prefiero no saber...mañana...ya veré"

Sin embargo, en una ocasión, una alumna de la Facultad de Arquitectura del Instituto Politécnico Nacional me dio la siguiente respuesta: "A nosotros los jóvenes, no nos importa si morimos pues, al fin y al cabo, ¿qué nos ofrece la vida?".

Fue un momento de inmensa tristeza para mí, pues, aunque esta chica haya podido tener problemas personales específicos que la llevaron a dar esa contestación, como maestra que soy, sí he observado que hay una gran desmotivación y carencia de sentido de vida entre gran parte de nuestros muchachos.

Otra posible causa es la de los innumerables mitos que existen acerca del comportamiento sexual del hombre, de la mujer, del uso del condón.

Trataré de describir y encontrar respuestas a estas situaciones.

3 LA PANDEMIA EN DIFERENTES REGIONES DEL MUNDO

"La pobreza, el analfabetismo y una pobre educación e información sexual empeoran la diseminación de la epidemia del sida, y perjudican la puesta en práctica de los programas de prevención en muchos otros países. La tasa de infección se acelera por el deterioro de la infraestructura en el área de la salud causado, en parte, por inversiones insuficientes. Una razón menos explícita es la cultura que tiende a limitar la capacidad de la mujer para negociar el sexo seguro y quien tiene que 'hacer como que no ve' cuando el hombre se compromete sexualmente con muchas parejas. Eso también puede impedir que los programas educativos alcancen a los individuos que están en alto riesgo, como los homosexuales y los sexoservidores que esconden su orientación sexual o su profesión" (7).

La postura de la ONU respecto a la pandemia del sida es: **Educación: la única vacuna que tenemos**. En su número 4 de Crónica ONU, del 2002, leemos:
"Un enfoque diferente en la lucha contra el sida es utilizar la educación y no la medicina para detener su diseminación. La estrategia para la prevención y la

educación sobre el VIH/sida de la UNESCO afirma que el impacto de la enfermedad en la sociedad podría reducirse combatiendo la complacencia, anticipando el compromiso y mejorando los cuidados (...) Solo mediante la comunicación del conocimiento se puede cambiar el comportamiento de riesgo. El sida puede prevenirse si a los niños y los jóvenes se les enseña cómo se contagia el virus y no participan en comportamientos riesgosos".

No cabe duda que esto es muy cierto. Sin embargo, en la práctica, en muchos países del mundo y en México, en nuestro medio, al nivel de secundaria, preparatoria y universidad, ya hay conocimiento de qué es el VIH, cómo se trasmite y qué riesgos conlleva, pero se siguen infectando. Ante esto, surge nuevamente mi pregunta: ¿qué está pasando?

Estados Unidos de Norteamérica

Scientific American, Año 1, N° 6: "El camino hacia un mundo sin sida parece tener muchos obstáculos... Cerca de 900,000 estadounidenses son VIH positivos, de los cuales, alrededor de
230, 000 lo ignora.

"Las conductas riesgosas están relacionadas con la violencia, el abuso de drogas y la depresión, pero puede haber una razón más sencilla para que el virus se propague entre los varones jóvenes: NO LE TEMEN AL SIDA. Jonathan Kagan, director adjunto de la división de sida del Instituto Nacional de Alergia y Enfermedades Infecciosas (NAID por sus siglas en inglés) piensa que esto se debe a que en las naciones ricas se ha difundido la noticia de que el sida ya no es invariablemente fatal. Existen 19 medicamentos anti-VIH aprobados, y algunas combinaciones disminuyen el virus a niveles que no se pueden detectar en sangre, lo que tal vez de la impresión de que el sida puede curarse."

Susan Powers-Alexander, directora del programa de planificación Familiar de Lincoln, Nebraska expresa: "Bombardeamos a los jóvenes con mensajes de contenido sexual, pero no les enseñamos a cómo interpretarlos; no los ayudamos a comprender que en la publicidad el sexo es solo un medio para vender automóviles, perfumes, piñatas"

"Las influencias en los adolescentes son poderosas y persuasivas: el cine, la publicidad, la música, la presión de los amigos. La lista de razones para el embarazo en la adolescencia [¿y las ITS -Infecciones de Transmisión Sexual- y el VIH/sida?] es interminable. Muchas madres adolescentes son hijas de madres adolescentes. El alcohol y las drogas vulneran la capacidad de tomar decisiones sensatas, los jóvenes mayores que ellas pueden deslumbrarlas o dominarlas. Más de la mitad de los jóvenes responsables de nacimientos de hijos de madres adolescentes tienen 20 años o más. El abuso sexual a temprana edad invalida la capacidad de las jóvenes de decir no a un chico que quiera tener relaciones sexuales; un estudio arroja que 48 por ciento de los estudiantes de bachillerato que han estado embarazadas fueron alguna vez víctimas de abuso sexual." (8)

Este es el caso estudiado en Estados Unidos... ¿nos suena familiar o totalmente ajeno?

Rusia y China

"Existen dos regiones del mundo donde se pronostica una explosión de sida (...) Rusia, en la que los casos de sida se han disparado 200 veces desde 1995, y el incremento se ha debido, principalmente a que los drogadictos comparten jeringas. Por otro lado, China podría tener 10 millones de nuevas infecciones para finales de la década, en parte porque 54 por ciento de la población china no sabe la manera en que se propaga la enfermedad". (9)

Otras regiones del mundo en desarrollo

Con el subtítulo de *Guerras sangrientas, guerras nuevas*, la Organización Internacional del Trabajo, expone lo siguiente:

"En el informe se presenta una visión desalentadora de las "estadísticas de guerra". La que se libra en Mozambique desde hace 22 años se ha cobrado un millón de vidas y ha dejado al país en la más absoluta miseria. En el conflicto de Guatemala, que duró 35 años, más de 400 localidades quedaron completamente destruidas, y un tercio de la población se vio abocada a una situación de extrema pobreza. La guerra de Bosnia provocó el desplazamiento de dos millones de personas (...) En la contienda de Líbano se asistió al desmoronamiento de las redes familiares y sociales, y un tercio de la población sobrevive por debajo del umbral de pobreza absoluta.

"Estos conflictos de nuevo cuño generan cada vez más violencia dirigida específicamente contra las mujeres. Se estima que solo en Bosnia, de 20,000 a 50,000 mujeres fueron violadas en el contexto de ataques.

"Además de los traumas emocionales y físicos causados por las violaciones, muchas mujeres dieron a luz a los hijos de sus violadores (...) y otras muchas sufrieron problemas ginecológicos y enfermedades de transmisión sexual, como el sida". (10)

Es evidente que ante este tipo de problemática no podemos aducir que las campañas contra el VIH/sida no estén dando resultado. Seguramente que, para empezar, las condiciones de guerra no constituyen un medio favorable para que las medidas de prevención puedan enseñarse. Y las de pobreza extrema, no permiten que las personas puedan adquirir no ya un condón, sino ni siquiera una aspirina o un cuarto de frijol, y por supuesto, mucho menos cualquier medicamento contra la enfermedad. El violador, por supuesto, al momento de cometer ese acto criminal, no se detiene a colocarse un preservativo ni piensa en las consecuencias de sus actos en ese momento en que tiene mayor peso la actividad de su cerebro primitivo, de supervivencia.

En Brasil, según informes de su Ministerio de Salud, hay un creciente aumento de infecciones de VIH entre jóvenes de 13 a 19 años de edad, especialmente del sexo femenino, lo cual se debe a que cada vez empiezan a tener relaciones a más temprana edad, atribuyéndose ese incremento a que las jóvenes generalmente se inician sexualmente con hombres mayores que aprovechan su inexperiencia para tener relaciones sin condón, aunque se cuidan de que queden embarazadas mediante anticonceptivos de otro tipo.

El ex Presidente de Sudáfrica, Nelson Mandela, en su discurso ante el segundo congreso de la Sociedad Internacional contra el Sida, llevada a cabo en julio de 2003, criticó el hecho de que los tratamientos antirretrovirales sigan siendo económicamente inaccesibles para los más pobres.

Por su parte, el doctor Gallo, director del Instituto de Virología Humana con sede en Estados Unidos, científico que en 1983 descubrió el virus a la par que su colega francés Luc Montaigner, explicó que "Obviamente es crucial tener fármacos disponibles en los países en desarrollo tan pronto como sea posible, pero no se trata de solo lanzarlos al mercado... tenemos que contar con una infraestructura creada al mismo tiempo, porque si no lo hacemos vamos a crear mutantes resistentes a los fármacos ya existentes (...) Los pacientes con sida –agregó – necesitan atención médica integral, incluidas las pruebas y vigilancia para asegurar que sigan al pie de la letra y sin fallar los tratamientos requeridos, algo que puede ser prácticamente impracticable en algunas partes de África, donde muchos países no cuentan con un servicio básico de salud". (11)

4 OTRAS CAUSAS

La pandemia según la edad

Líneas arriba ya hemos visto las condiciones en que se dan los embarazos en muchachas adolescentes tanto en países desarrollados, en vías de desarrollo y seguramente entre las clases medias y acomodadas de los más pobres del mundo. De la mano con esos embarazos, puesto que se originan de la misma conducta sexual sin protección, están las ITS, como hemos visto en el caso de Brasil.

La revista Crónica ONU, Online Edition (2002), expresa: "La mayoría de los jóvenes sexualmente activos desconocen cómo se transmite el VIH/sida o cómo protegerse contra él (...) Estudios realizados en 40 países indican que más del 50 por ciento de los jóvenes entre los 15 y los 14 años de edad tienen una idea muy equivocada acerca de la forma en que se trasmite la enfermedad. De esta suerte, creen que puede ser por medio de la picadura de los mosquitos y aún de brujerías o bien, que una persona que luce saludable no puede portar el virus.

"Muchos otros piensan que no están en riesgo o que su riesgo individual es mínimo. Se ha demostrado que en Nigeria, por ejemplo, el 95 por ciento de las chicas entre 15 y 19 años creían que el riesgo de contagiarse es mínimo o no existente. En Haití, las cifras llegan a un 93 por ciento y cubre a todos los adolescentes, tanto hombres como mujeres. Un estudio llevado a cabo en Malawi mostró que muchas jovencitas creían que estaban a salvo de infectarse si tenían relaciones sexuales con un joven de familia conocida."

Evidentemente, este no es el caso en países del primer mundo... ¿O sí lo es? ¿Podríamos afirmar que los grupos minoritarios que viven en los bosques de los Apalaches, al oriente de Estados Unidos, están totalmente informados? ¿Podríamos afirmar que no es el caso de muchos grupos minoritarios marginados de Estados Unidos, como los de origen latinoamericano? ¿Podríamos decir que no es este el caso, entre muchos, de nuestros campesinos de Michoacán o de Chiapas o de los barrios marginados en las grandes metrópolis de nuestro país? Temo que no podríamos, en base a las preguntas de muchos jóvenes que reflejan una total ignorancia, como aquella formulada por un alumno de tercero de secundaria, en una escuela particular de la ciudad de México: "¿Si me masturbo puedo contagiarme de VIH?". Más ignorancia no puede haber.

Riesgo y vulnerabilidad en las personas mayores

El factor de riesgo dominante entre las personas de más de cincuenta años es el sexo heterosexual. Es una edad con sus enfermedades propias, como la osteoporosis, que aumentan el riesgo de complicaciones severas. Los primeros síntomas del VIH, como el cansancio, la falta de sueño, la dificultad para respirar y otros son semejantes a los de cualquier enfermedad relacionada con la edad avanzada, por lo tanto, fáciles de confundir. En la mujer de esta edad, las paredes vaginales se van adelgazando y perdiendo lubricación (lo cual las hace propensas a mayor número de excoriaciones) con lo cual se hacen más vulnerables a la infección por VIH, y porque en la mayoría de los casos dejan de usar el condón que consideran es solo un método anticonceptivo, el riesgo es aún mayor.

Los programas de prevención han dejado un tanto de lado a las personas de esta edad ya que se considera que sus necesidades sexuales disminuyen, lo cual es cierto, pero no desaparecen del todo. De esta suerte, es común que desconozcan las causas, el desarrollo y la forma de prevenir la enfermedad. Es muy frecuente que a este grupo de personas no se le pregunte acerca de sus hábitos sexuales, y no se les proporcione la información adecuada que sí se da, por rutina, a pacientes más jóvenes. Además, hay una negación cada vez mayor de las necesidades sexuales, socialmente consideradas inapropiadas, de este grupo de personas. Este es el caso, especialmente, de los países desarrollados, en los que ya se han reportados numerosos casos de VIH/sida en la población de esta edad, incluso, en los hogares para ancianos. Ni qué decir que la situación es mucho peor en los países en vías de desarrollo.

VIH/sida y roles de género

En el contexto de la enfermedad, el papel que la sociedad asigna a cada género tiene graves consecuencias. En todo el mundo —afirman Ana Luisa Liguori y Marta Lamas — las mujeres, como grupo, carecen de la fuerza para rechazar las relaciones sexuales que podrían ser de alto riesgo o para negociar prácticas sexuales con mayores precauciones.

Muchas mujeres, incluso aquellas que son independientes desde el punto de vista económico, que han cuestionado los papeles y conductas tradicionales que de ellas se esperan, han encontrado particularmente difícil modificar los códigos de conducta sexual dominantes.

En cuanto a los hombres, muchos sucumben a la presión del grupo para reafirmar su hombría y se ven obligados a tener relaciones sexuales que no desean. Los antropólogos han documentado testimonios de jóvenes que no querían iniciar su vida sexual, pero se vieron obligados a hacerlo por presión de sus familiares y amigos. (12)

En su artículo titulado Las ataduras del género, Kim Rivers y Peter Aggleton, afirman: "El hombre que ha tenido muchas relaciones sexuales adquiere popularidad e importancia a los ojos de sus iguales. La sexualidad masculina es considerada a menudo, tanto por los hombres como por las mujeres, como algo incontrolado e incontrolable, y en algunas partes del mundo se piensa que contraer una infección de transmisión sexual es una señal de honor que confirma la hombría. De esta manera, mientras que la falta de conocimientos y de experiencia en materia sexual es altamente valorada si se refiere a las jóvenes, los hombres pueden verse estigmatizados si no demuestran que han tenido una amplia experiencia sexual" (13)

"Los roles de género conculcan el poder de las mujeres y brindan un falso sentido de poder en los hombres, que en caso del sida favorece un ciclo de enfermedad y muerte" -afirma Geeta Rao Gupta, investigadora del Centro Internacional de la Mujer.

"Muchos de nuestros esfuerzos anteriores y desgraciadamente, también los actuales —añade- han alimentado la imagen depredadora, violenta e irresponsable de la sexualidad masculina, y representado a las mujeres como víctimas impotentes o como depositarias de la infección. Una forma particularmente común de hacerlo es la explotación de imágenes machistas para vender condones. Ningún incremento en la venta de preservativos me convencerá de que tales imágenes no son dañinas a largo plazo. No será posible sostener el beneficio obtenido a corto plazo por dichos esfuerzos, debido a que socavan la base misma de la prevención contra el sida, es decir, un sexo responsable, respetuoso, consensual y mutuamente satisfactorio.

"Es preciso descubrir formas de intervenir en la educación temprana de los niños a fin de fomentar comportamientos y actitudes de equidad de género...

"Debemos también trabajar juntos para combatir dos falsas creencias que son, a su vez, obstáculos en nuestro camino. La primera es que el empoderamiento de las mujeres resta poder a los hombres. Esto no es verdad... El poder no es un concepto finito. Mayor poder para uno o una significa, a largo plazo, mayor poder para todos y todas. Al dar más poder a las mujeres se empoderarán hogares, comunidades, naciones enteras.

"La segunda falsa creencia es el miedo a que el cambio de los roles de género para equilibrar el peso del poder, entre en conflicto con los valores de la diversidad y de la pluralidad cultural. De hecho, al cambiar los roles de género lo que se altera no es la cultura de una sociedad sino sus costumbres y sus prácticas, las cuales se basan en una interpretación de la cultura. Estoy convencida de que las costumbres y prácticas que buscan subordinar a las mujeres y encerrar a los hombres en patrones destructivos de comportamiento sexual se basan en una interpretación prejuiciosa de la cultura al servicio de intereses muy particulares "(14)

Sin embargo, "El énfasis en ayudar a las mujeres que son especialmente vulnerables a la infección del VIH ha hecho que se descuiden dos factores fundamentales: la participación de los hombres en los programas y la programación, y las circunstancias sociales más amplias. Por ejemplo, aunque numerosos programas y actividades de prevención del VIH se han centrado en las trabajadoras del sexo, se ha prestado mucho menos atención a sus contrapartes masculinas.

"En buena parte de los estudios sobre género, se describe a las mujeres como trabajadoras dedicadas y comprensivas, con un gran interés en la comunidad. Los hombres, en tanto, casi siempre han sido caracterizados como desconsiderados, poco fiables, predispuestos a la coacción, la violación y la violencia, así como relativamente incapaces de controlar o cambiar su comportamiento" (15)

El VIH/sida en la mujer

El 50 por ciento de las personas con VIH son mujeres, declara ONUSIDA, en el año 2002.

En el capítulo dos, Género y Sociedad del año 2000, del Fondo de Población de las Naciones Unidas se declara que en estudios realizados por el Centro Internacional de Investigaciones sobre la Mujer se ilustran el papel y la influencia de importancia crítica que tienen las cuestiones de género y sexualidad sobre las interacciones sexuales y cómo determinan la posibilidad de que los hombres y las mujeres tengan conductas de riesgo.

Pongamos, por ejemplo, el caso de una mujer casada que teme que su esposo no le es fiel. ¿Puede exigirle el uso del condón a riesgo de que su matrimonio se derrumbe? Ante esta disyuntiva, probablemente elegirá la opción de permanecer callada, pues su vida de casada, por más pobre o inquietante que sea, es la que en ese momento tiene y le da cierta seguridad. Romper el vínculo matrimonial significaría entrar a lo desconocido, lo cual, la mayoría de las veces, causa pavor, especialmente si hay hijos que mantener, pues jamás hay seguridad de que el marido continúe apoyando. En miles de ocasiones la situación puede revertirse, ya que, ante la exigencia del preservativo, el marido puede cuestionar la fidelidad de ella, aún a sabiendas de que él es el infiel.

Esta situación se da a todo nivel social y económico, a menos que la esposa tenga sus propios medios de seguridad económica, ya porque tenga fortuna propia o porque tenga un trabajo bien remunerado.

Entre las mujeres no casadas y las jóvenes, es muy común que tengan una baja autoestima, sobre todo en las sociedades machistas como la nuestra. Por ello acceden a todo lo que el hombre solicite y padecen angustia severa ante la posibilidad de perder a la pareja o al novio. Por lo mismo son frecuentes las relaciones sado-masoquistas.

"Muchas mujeres señalan que los hombres se niegan a usar preservativos o pueden llegar a ponerse violentos cuando se les pide que adopten medidas de protección. Mujeres de Tailandia, por ejemplo, indican que el uso de preservativos pudiera parecer apropiado en caso de relaciones sexuales ocasionales, pero no en el contexto de una relación de larga duración.

"Otras mujeres han señalado que sugerir a su pareja utilizar el condón puede equivaler a acusarlo de infidelidad. Resulta interesante observar, sin embargo, que se sabe muy poco acerca de este tipo de percepciones de los hombres respecto a las mismas inquietudes" (16)

"En la elección entre la renuncia al desarrollo o la renuncia a la seguridad, la seguridad saldrá, de ordinario, vencedora. La necesidad de seguridad es más poderosa" (Maslow, *El hombre autorrealizado*, pág. 79), [ya que es una de las necesidades básicas del ser humano], "más apremiante que el amor y la necesidad de alimentación; más fuerte que ambas" (17)

El caso del hombre

En la campaña sobre el sida al nivel mundial del año 2001, se destacó que, en todo el mundo, la mujer corre más riesgo de infectarse de VIH porque carece del poder de determinar dónde, cuándo y cómo se realizará el acto sexual. Pero las mismas expectativas, creencias culturales y costumbres sociales de los hombres que restan poder a la mujer, también enfatizan su propia vulnerabilidad. Las infecciones por VIH y las muertes por sida son superiores entre los hombres que entre las mujeres en todos los continentes excepto en el África subsahariana y contra más jóvenes son, mayores riesgos corren: los hombres menores de 25 años forman parte de los más de 36 millones que en la actualidad viven con el virus.

Entre las creencias culturales y las costumbres sociales arriba mencionadas están el concepto de masculinidad y las muchas actitudes sobre cómo el hombre socializa y cómo considera el riesgo. La asociación acostumbrada de la hombría con la fuerza física, la indiferencia emocional, la virilidad y la audacia se pueden interpretar como comportamientos que amenazan la salud y el bienestar del muchacho y de su pareja sexual.

Esta audacia y sentido de valentía socialmente aprendidos, lo llevarán, en un momento dado, a rechazar el uso del condón. Las medidas de prevención, por otro lado, tradicionalmente han estado en manos de las mujeres.

Se ha notado también que el hombre es más renuente a buscar ayuda médica que la mujer. En la gran mayoría de los países el hombre al nacer, tiene una expectativa de vida menor que la mujer, y en la madurez también mueren antes. Sin embargo, se educa a los jóvenes con la idea de que son más resistentes ante las enfermedades o los riesgos. Se les hace creer que los hombres de verdad no se enferman.

Otro elemento que hay que tener en cuenta es que al nivel mundial, el hombre tiende a tener más parejas sexuales (así como relaciones extramaritales) que las mujeres y, por tanto, el riesgo de contraer el VIH es mayor...

Los hombres que emigran por razones de trabajo y se separan de sus familias se ven en la situación de recurrir a prostitutas y a recurrir a las bebidas alcohólicas y otras sustancias intoxicantes para contrarrestar el estrés y la soledad. Esta combinación aumenta el riesgo de infectarse.

Finalmente, la violencia es un factor importante en la trasmisión del VIH en comunidades que están en guerra o conflictos civiles, de la misma manera que el sexo coercitivo. Cada año, millones de hombres cometen violaciones sexuales contra las mujeres, las niñas y aún otros hombres, con frecuencia dentro de su mismo hogar. De acuerdo con los informes de la UNICEF, al nivel mundial, por lo menos una de tres mujeres será golpeada y violada sexualmente en el transcurso de su vida.

Existe otro problema señalado por Kim Rivers y Peter Aghleton: "Sistemáticamente se han dejado de estudiar los sistemas de creencias de los hombres en materia de relaciones sexuales y sexualidad. Cuando se ha hecho, las conclusiones, en ocasiones, confunden los puntos de vista comúnmente aceptados sobre las actitudes de los hombres con las opiniones de los propios encuestados. Por ejemplo, investigaciones realizadas recientemente entre hombres sudafricanos sugieren que el *momento escogido* para pedir que se utilicen preservativos es importante para lograr respuestas favorables. Admitiendo que existe una reticencia general hacia el empleo del condón, señalaron que si se les pidiera utilizarlos antes de la excitación sexual, habría más probabilidades de aceptarlos. También reconocieron que de pedírselos cuando estaban muy excitados, tal vez podrían actuar de forma coercitiva o violenta.

"La propia masculinidad se ve amenazada por el uso de preservativos. Existen varias razones que explican esto: en primer lugar, si una mujer pide el uso del condón, equivale a permitirle que sea ella quien define los términos de la relación sexual; en segundo lugar, el uso de preservativos puede entrañar que los hombres tengan que situar su propio placer sexual más allá de los genitales, en una parte del cuerpo considerada no prioritaria. En tercer lugar, el hecho de mostrar un grado de auto control en el comportamiento sexual puede ser considerado por algunos hombres como un elemento de feminidad, ya que la sexualidad masculina a menudo se ve como algo incontrolable. Y, por último, correr riesgos se considera algo típicamente masculino" (18)

Relaciones homosexuales

Entre las relaciones homosexuales hay que distinguir a la relación de hombre con hombre que sigue siendo, al menos en México, y también en muchos otros países, el grupo de mayor riesgo. Y al otro lado de la escala se encontrarían las relaciones lésbicas que son las de menor riesgo, pero no riesgo cero. Al fin y al cabo, las lesbianas siguen siendo mujeres, sujetas en muchos casos, a malos tratos y aún violaciones por parte de hombres, y la relación misma entre ellas tiene también su problemática de riesgo.

El sexo hombre con hombre es el de más peligro debido a la naturaleza misma de la relación sexual, por dos causas: Primero, es en el semen donde hay mayor concentración de carga viral que en cualquier otro fluido corporal, ya sea de hombre o de mujer. Segundo, la penetración anal causa laceraciones en ano y recto mucho más intensas que en una penetración pene-vagina, ya que el recto no es tan expansible como la vagina. Por esas pequeñas heridas es donde penetra el virus con mayor facilidad.

Ya hemos mencionado como esta epidemia surgió principalmente en la comunidad homosexual, la cual, tras varios años de sufrirla, comenzó a tomar conciencia de prevención y se logró aminorar los casos de contagio. Sin embargo, volvieron a incrementarse por muchas de las razones expuestas líneas arriba y por otras más.

Considero que al estar ausente el riesgo de embarazo, la pareja masculina homosexual no se cuida tanto, pero, además, son hombres, y como tales, también están expuestos a las mismas condiciones a que nos referimos en la sección de "El caso del hombre".

Un elemento más para la mayor incidencia de la enfermedad en este sector de la población, fue presentado de manera clara y concisa, por el profesor Gary Dowsett, investigador de la universidad de Macquarie y profesor asociado del Centro de Estudio de Infecciones Sexualmente Transmisibles de la Universidad de Trobe, ambas en Australia.

Según él "Estamos hablando de relaciones sexuales (...) lo cual es mucho más difícil de manejar, particularmente en comunidades que viven la marginación sexual. Las experiencias, las relaciones y prácticas sexuales tienen un significado muy diferente para nosotros los gais, en tanto comunidad marginada y oprimida, que cuando te ajustas a la norma. Es más fácil, en este último caso, expresar tu sexualidad y ser aceptado. Si tus prácticas e intereses sexuales se vuelven problemáticos para ti, no solo en lo individual sino socialmente, esto trae dificultades, y entonces no importa cuán consciente e informado estés acerca del VIH/sida puedes todavía incurrir en errores.

"Puedes, por ejemplo, tener sexo sin protección por tu incapacidad de interpretar correctamente tu entorno sexual. Este entorno puede problematizar todo, llevarte a nuevos conflictos, hacer que interiorices tu opresión, cuestionarte sobre los valores morales, sobre tu lugar en el mundo, o sobre tu propio aspecto físico. Todo esto entra en juego en las decisiones de un hombre gay, por lo que no puedes, simplemente, colocar un condón sobre la mesa y decir: 'Colócate este objeto en el pene y todo saldrá bien'. Las cosas no funcionan así. ¿Por qué habríamos de esperar que los hombres gais utilicen adecuada y constantemente el condón cuando los heterosexuales no logran hacerlo para prevenir los embarazos no deseados? Jamás se nos ocurre pensar o decir: ¡Dios mío, con toda la información que tienen los heterosexuales cómo es posible que se les olvide el condón!'. Creo que las expectativas en relación a los hombres gay son mucho más altas de lo que se esperan de las personas heterosexuales." (19)

Ya vamos vislumbrando en esta cita, unas causas psicológicas profundas.

Estigma y discriminación

ONUSIDA advierte: "El estigma y la discriminación relacionados con el VIH constituye un enorme obstáculo para luchar eficazmente contra la epidemia, afirma el Dr. Peter Piot, Director Ejecutivo de ONUSIDA(...) El temor de la discriminación puede impedir que las personas soliciten tratamiento o reconozcan públicamente su estado serológico respecto al VIH. A veces, a las personas infectadas o sospechosas de tener el VIH se les niega la asistencia en los servicios de atención de salud, así como la vivienda y el empleo; sus amigos y colegas las evitan, se las excluye de las coberturas de los seguros o se les niega la entrada a países extranjeros. En algunos casos sus familias las echan de casa, sus cónyuges se divorcian y son víctimas de la violencia física e incluso del asesinato.

"Los tabúes sociales acerca de la sexualidad pueden impedir la discusión abierta y la educación eficaz en materia de prevención. Muchas personas no saben que son VIH-positivas y tienen miedo a someterse a las pruebas por el estigma asociado a un resultado positivo.

"En la mayoría de los países, el sida fue considerado inicialmente como una "enfermedad de forasteros", lo cual engendró racismo y alimentó la xenofobia. La exclusión social resultante separó entre sí a las personas y a las comunidades. A su vez, esa exclusión engendra falta de implicación e inacción social, haciendo que las personas se refugien detrás de un muro de silencio.

"El sida, la pobreza y el racismo se refuerzan mutuamente. La vulnerabilidad al VIH/sida está vinculada a la exclusión social causada por la pobreza y el racismo" (20).

El Consejo Internacional de Enfermeras (CIE) hace un llamado a los gobiernos, instituciones religiosas y a los dirigentes de la sociedad civil en todo el mundo para que sustituyan el silencio, el miedo y la culpa por la solidaridad y la esperanza. "El estigma –añaden – impide que las comunidades luchen contra el VIH/sida con los servicios de salud y las estrategias legales y educativas adecuadas" (21)

En el taller "Estigma y discriminación asociados al VIH/sida. El papel de los medios" llevada a cabo en octubre de 2003, el señor Anuar Luna, director de la Red Mexicana de Personas que viven con VIH/sida dijo que "el estigma que rodea a las personas que viven con VIH/sida es aplicada por un grupo a través de reglas o sanciones dentro de un círculo social que produce y reproduce relaciones de poder y control.

"El estigma, explicó, tiene 4 ejes: relación con la sexualidad, con el género, con la raza o etnicidad y con la pobreza, mismos que generan actos de discriminación, entendida ésta como un trato injusto basado en patrones de dominación y opresión visualizados como una expresión de lucha por el poder y el privilegio.

"Finalmente, los contextos que favorecen el estigma dentro de la familia y comunidades; educación y escuelas; sistemas de salud, viajes y migración, así como los mismos programas de VIH/sida" (22)

Discriminación a las sexo servidoras

En su informe de la edición Online de la Crónica ONU, 2002, se expresa: "Aun cuando las sexo servidoras han sido un grupo de los más vulnerables a esta enfermedad, también han sido las más olvidadas. El estigma, la discriminación y la criminalización, les ha limitado el acceso a los servicios de salud y a la información. Su vulnerabilidad se ve aumentada por la explotación y la violencia. Es notoria la lentitud de los gobiernos para tomar en cuenta sus súplicas aun cuando en muchos países, como son cuatro del sur de Asia, el trabajo sexual, fenómeno global, es un factor económico significativo que alcanza más del dos por ciento del producto nacional interno, según informes de la Organización Mundial del Trabajo.

"A pesar de estos factores en contra, esas personas se han arreglado para movilizarse y convertirse en defensoras líderes y educadoras acerca de la prevención y cuidados contra el VIH, según informa Aurorita Mendoza de ONUSIDA: 'En los últimos años hemos visto como las sexo servidoras se han convertido en una de las fuerzas más poderosas en respuesta al sida, tanto en el frente de cuidados como en el de prevención"

Relación entre el VIH/sida y el movimiento de la población

Ya se han hecho estudios que documentan la relación entre la epidemia y el intenso movimiento migratorio que está ocurriendo en muchas partes del mundo en la actualidad. Movimientos que van aunados a la pobreza y la inequidad de género, como es el caso abrumador de las miles de mujeres que diariamente se mueven de un país a otro en el África subsahariana. Pero, sin ir más lejos, también se da en nuestras fronteras sur y norte.

En el caso de las mujeres, la inequidad es la base de su mayor vulnerabilidad ante el VIH, como hemos visto líneas arriba. Esto se manifiesta con toda intensidad en las situaciones de frontera donde las que emigran son víctima de innumerables abusos; con frecuencia tienen que realizar "trabajo sexual de subsistencia" o bien con sexo servidoras que tienen como clientes a trabajadores emigrantes, traileros, comerciantes de paso, etc. (23)

Las drogas, el alcohol y el VIH/sida

El virus del VIH y el consumo de drogas avanzan, muchas veces, de la mano. Ya sabemos que una de las vías de contagio es el intercambio indiscriminado de agujas infectadas entre los drogadictos es la causa del dramático aumento de la epidemia en Rusia. Esta práctica de riesgo es mucho más efectiva que el contacto sexual. Según un estudio publicado en 1999 por el investigador David Bell, compartir jeringas infectadas es 45 veces más riesgoso que tener sexo anal no protegido.

Relacionado a este problema tenemos que el consumo de drogas y alcohol facilitan las condiciones para incurrir en prácticas sexuales desprotegidas. El adicto se descuida, o incluso pierde conciencia de su situación de riesgo, pierde el sentido de peligro, y se expone al contagio de cualquier infección de transmisión sexual o de un embarazo no deseado. El drogadicto, hombre o mujer, con frecuencia se prostituye a cambio de una dosis más de droga

Ignorancia

La ignorancia, mal de la humanidad en muchos campos de conocimiento, da lugar a que la persona rechace la posibilidad de infectarse (negación o evasión de la realidad), de infectar a otros puesto que puede no saber que es portador del virus, a no protegerse, etc.

Ejemplo máximo de esa ignorancia es el artículo publicado en la Jornada, el 9 de septiembre de 2003, según el cual el alcalde de Leona Vicario en Quintana Roo, se negó a que se enterrara el cuerpo de un joven que había muerto de sida bajo el argumento de que "podía contagiar" a los pobladores.

Fueron necesarias presiones del director del albergue para personas con sida ante la Comisión Estatal de Derechos Humanos y otros funcionarios para que por fin aceptara su inhumación.

Como esta historia –dice el artículo- decenas de casos suceden en la zona maya de Yucatán y Quintana Roo, donde la epidemia ha cobrado ya cientos de muertos y donde la ignorancia y el estigma de las autoridades corre de manera paralela al síndrome.

5 RELACIONES SEXUALES Y PREVENCIÓN

Mucho se habla de estos dos métodos y cada persona, según su historia de vida y sus creencias, sobre todo de tipo religioso, escogerá uno u otro.

El uso del primero está altamente recomendado en la gran mayoría de las campañas al nivel nacional e internacional. Sin embargo, en nuestro México solo se menciona su uso, mas no se enseña la forma de utilizarlo apropiadamente. Jamás, que yo, he visto en los medios de comunicación una demostración apropiada y detallada de cómo colocar este adminículo. Creo que, si así fuera, muchos grupos de derecha alzarían a la voz en protesta. Lamentablemente, confirmo durante mis conferencias que la gran mayoría de los jóvenes por supuesto que saben lo que es un condón, pero no saben colocarlo correctamente, y en muchos casos, jamás han tenido uno en la mano. Curiosamente, la derecha sí permite anuncios altamente sexualizados, calla, no alza voces de protesta, quizá sus intereses económicos la ciega. ¿Cómo es que el condón no es "Totalmente Palacio"?

Al respecto transcribo el testimonio de Julio, chileno que vive con el virus del VIH y que forma ya parte de la Red Latinoamericana de personas viviendo con el VIH: "Recuerdo la primera vez que salí por televisión. Fue porque el Ministerio de Salud había lanzado una campaña de prevención y hubo dos canales que se negaron a pasar los spots de prevención porque se hablaba del condón; ni siquiera lo mostraba, por lo cual se formó una gran polémica en la que todos opinaban; yo estaba muy molesto porque a los únicos que no se les consultaba era a las personas seropositivas, justamente a los usuarios de por vida del condón. Tenía mucha rabia por lo que estaba sucediendo y pensaba que había que hacer algo; en eso estaba cuando me llamaron por teléfono del Canal Nacional, pidiéndome que diera mi opinión. No lo pensé mucho y accedí (...) ese día me entrevistaron y salió en el noticiero central de aquella noche. Dije: **Si yo hubiera tenido información sobre la prevención adecuada a tiempo, no sesgada y no censurada, hoy no sería una persona viviendo con el VIH. El VIH no se contrae por lo que uno es o por lo que uno hace, sino por lo que uno no sabe**" (25)

En cuanto a la abstinencia, ésta se ha impulsado por la persistente pero equivocada creencia de que la educación sexual integral y temprana induce, por sí misma, a los adolescentes a la actividad sexual. Por supuesto, que apoyando este método se encuentran todos los grupos conservadores asociados, en nuestro México y en América Latina, a la iglesia católica. Se ha demostrado, por el contrario, que el conocimiento pleno de todo lo relacionado a la sexualidad más bien demora las relaciones sexuales tempranas y éstas se llevan a cabo en forma responsable.

Este movimiento busca impulsar la continencia sexual antes del matrimonio, utilizando argumentos que hacen caso omiso del conocimiento científico y de la experiencia humana aseverando, entre otras cosas, que "la actividad sexual fuera del matrimonio muy probablemente tendrá efectos dañinos a nivel psicológico y físico" (26)

Comprobado está que en lo físico no se sufre ningún daño, siempre y cuando se lleve a cabo con responsabilidad. En cuanto a lo psicológico, tratándose de jóvenes inculcados con ideas de pecados y tabúes pues, creo yo, sí pueden sufrir algún malestar a causa de los enormes sentimientos de culpa que emanan de no cumplir con los rígidos cánones impuestos por la sociedad.

El nuevo programa federal de solo abstinencia se basa en una agenda religiosa y política, y no de salud, que va en contra de la naturaleza misma del ser humano y, sobre todo, en contra de su libertad. Sin libertad no hay responsabilidad.

En nuestra experiencia, serán muy pocos los muchachos que adopten este método y si no se les enseña el otro como alternativa, como opción para que puedan hacer uso de su libertad y responsabilidad, seguirán en la ignorancia y no se habrá ganado nada. Por el contrario, aumentarán los casos de embarazos no deseados y de casos de infecciones de transmisión sexual, cosa que ya está ocurriendo en forma alarmante.

Surge nuevamente en mi mente el comentario de Rodrigo: es terrible que ya no podamos ejercer nuestra sexualidad ni expresar nuestros sentimientos sin temor, sin libertad.

Aquí viene al caso citar las reflexiones del doctor Perrés: "El encuentro amoroso sexual constituye, precisamente, uno de los pocos lugares en donde podemos realmente desplegar, hasta cierto punto, nuestras pulsiones parciales [de vida y muerte, según definición de Freud que veremos más adelante], venciendo algunos de los límites que nos imponemos diariamente en la vida social. **Por ello cabría preguntarse acerca del llamado 'sexo seguro', tan lleno de precauciones, de falta de espontaneidad, de estar**

31

controlando, de lo permitido y/o lo prohibido/peligroso, etc. Es muy probable que todas esas medidas... conllevan la idea de lo 'seguro', pero el resultado final (...) ¿será realmente sexo?" (27)

Veremos más adelante como la abstinencia era el método legítimo en la época victoriana de Freud. Sin embargo, ya en aquel entonces él observó que "después del largo y obligatorio periodo de abstinencia en las relaciones sexuales, ni siquiera la satisfacción sexual llega a ser posible dentro del propio matrimonio, fundamentalmente por la falta de anticonceptivos que liberen a la pareja de las angustias de los posibles embarazos no deseados" (28)

"En definitiva, expresan Montse Pont y Davi Patricio, proponemos controlar nuestra sexualidad introduciendo un elemento racional, el condón. Es decir, controlar lo irracional, lo pasional, el deseo, las emociones, la ansiedad que provoca una primera relación sexual [y aunque sea la quita o la centésima, según el caso], los sentimientos que recíprocamente se despiertan en cada una de nuestras relaciones. Repetimos sencillo ¿no? Fácil, ¿no? (...) El riesgo cero no es posible ya que el riesgo es intrínseco en la vida" (29)

Prácticas sexuales poco conocidas

En su libro *Placer sagrado*, la historiadora y antropóloga Riane Eisler refiere que "en lugares de África central, incluyendo Zambia, Zaire, Zimbawe y Malawi, algunas mujeres tienen 'sexo seco' – práctica 'que aumenta la fricción durante la relación' y angosta la abertura vaginal mediante la hinchazón. El Dr. Subbashy K. Hira encontró en Zambia mujeres que usaban hierbas, sustancias químicas, piedras y telas para reducir la lubricación y provocar hinchazón vaginal (práctica aparentemente diseñada para agradar a los hombres), lo que aumenta las posibilidades de infección.

"Además, en muchos lugares de África, la mutilación genital femenina, infibulaciones y otros cortes del tejido vaginal exigidos por costumbres religiosas o étnicas (ya que los hombres no se casan con mujeres que no han sido mutiladas) incrementan las posibilidades de las mujeres de tener laceraciones genitales. Y también otras prácticas tradicionales, como el casamiento de niñas pequeñas con hombres adultos que producen rompimiento de sus genitales." (30)

Problemas de presupuesto

El gasto mundial efectuado en 2002 para prevenir el aumento de infecciones es actualmente (18 de mayo 2003) de 3,800 millones de dólares. Cifra inferior a los 5,700 millones de dólares que ONUSIDA estima que se requieren por año, hasta el año 2005, para evitar más infecciones, según informó el grupo Mundial sobre Prevención de VIH, en Ginebra, Suiza.

Destaca, así mismo, que menos de una de cada cinco personas con riesgo de infectarse tiene actualmente acceso a programas de prevención y calcula que con aumentar los recursos se podrían evitar 29 millones de los 45 millones de nuevas infecciones que se prevé se producirán de aquí al año 2010.

Campañas de prevención

Según se informa en Crónica ONU Online, 2002, las campañas masivas de prevención incluyen la promoción y distribución del uso del condón por el sector público, programas de asesoría voluntarios, prevención de la transmisión de madre a hijo, programas para escuelas, el tratamiento de enfermedades de transmisión sexual, asesoría para las sexo servidoras, y programas para los usuarios de drogas inyectadas. Sin embargo, a continuación, paso a estudiar lo que llamo causas profundas para las cuales, estas medidas, ni siquiera tocan su superficie.

Medidas, de hecho, muy loables y que dentro de su área han ido logrando buenos resultados, pero a mínima escala por la falta de presupuesto, de personal capacitado, etc.

6 CAUSAS PROFUNDAS

En el proceso de investigación, van surgiendo otras razones a las que le doy el nombre de causas "profundas", porque no las captamos con facilidad, aunque las intuimos, porque son misteriosas y difíciles de comprender. Causas que están también presentes en las ya mencionadas líneas arriba. Me doy cuenta, sin embargo, que precisamente mi inexperiencia o más bien, carencia de una profesión determinada, es un punto a favor para estudiar el comportamiento humano desde todos sus campos, sin caer en la negación o contradicción de los otros, a lo que son muy dados los expertos en cualquiera de las áreas que pretendo estudiar. De esta manera, ingenuamente, me maravillo al leer acerca de las teorías que me parecen lógicas o relevantes para el presente ensayo, y las expongo. Teniendo en cuenta que el VIH/sida, es una enfermedad que se transmite, principalmente, por vía de contacto sexual, habremos de remitirnos a todo lo que se relacione con la sexualidad humana, así como a los estados emocionales o psíquicos que pueden conducir a un individuo a llevar a cabo prácticas sexuales no protegidas.

Aspectos biológico/evolutivos

Podríamos comenzar el análisis partiendo de la biología: ¿Cómo somos biológicamente, los seres humanos? ¿Cuál es nuestro comportamiento sexual dentro de este contexto?

Algunas ideas sobre la reproducción de las especies

A manera de repaso, habría que recordar que en la naturaleza existen seres que se reproducen asexualmente [en la que el individuo se reproduce a sí mismo, como en clonación, palabra tan de moda], como son las especies de menor tamaño, y otras que necesitan de un macho y una hembra, por medio de la reproducción sexual para continuar su descendencia. Mientras más sexual es una criatura, es de mayor tamaño (con una vida más larga y más complicada fisiológicamente) y existe la posibilidad de que viva en un ambiente saturado con miembros de la misma especie.

Pertenecemos a esta última categoría dentro de la cual, sea la especie que sea, presentamos muchas características comunes que son, junto con muchas otras, resultado de procesos evolutivos de millones de años.

Lo que los biólogos han concluido hasta ahora, es que **instintivamente, nos reproducimos con el fin de sobrevivir como individuos dentro de nuestra especie.**

Se llega a la reproducción por medio del sexo cuando este se vuelve importante para que el individuo tenga una serie de vástagos, con genes del padre y de la madre, que le darán más opciones para poder especializarse que las que pudiera haber tenido de haber sido una reproducción asexual. (31)

Como dice Simon LeVay, el sentido del sexo es: "la mezcla de los genes(...) ya que **un individuo engendrado sexualmente tiene una combinación de genes diferente a la de sus dos progenitores...es el medio por el que los**

rasgos más provechosos, generados aleatoriamente en individuos no relacionados, pueden unirse para crear individuos mejor adaptados al medio" (32)

Incluso, continúa, Kondrashov elaboró una hipótesis que "considera al sexo como un mecanismo para desprenderse de mutaciones nocivas" (33)

Todas las especies se reproducen en exceso, muy por encima de lo que el medio ambiente les pueda ofrecer para su sustento. Este exceso puede controlarse solo de dos maneras: primero, por medio de la competitividad entre miembros de la misma especie, y segundo, por fluctuaciones ecológicas, estragos, **enfermedades [¿VIH?]** y cualquier otro tipo de influencia externa.

Los animales de mayor tamaño son inherentemente mejores para enfrentar los cambios ecológicos, por ejemplo, pues pueden movilizarse con más efectividad e ir en busca de medios más propicios. Sin embargo, son más vulnerables a la competencia social, es decir, a acosarse mutuamente para sobrevivir; no necesariamente por medio de la lucha directa, sino de que el más fuerte, el más ágil, por ejemplo, llegue antes a la fuente alimenticia. El tipo de adaptación que estas criaturas tendrán es el de la especialización individual.

El sexo es, por tanto, una adaptación social, que surge y responde a una dinámica social en todo momento, ya que para un progenitor es ventajoso crear una pequeña sociedad de especialistas que tienen más oportunidad de sobrevivir. (34)

Las criaturas sexuales tienen una inclinación individualista, tendiente a la especialización y rara vez se comprometen en grupos que imponen el sacrificio por el bien común. En general, las asociaciones entre organismos de estas características se forman cuando se vuelve benéfico efectuar, como bandada, rebaño o grupo, el mismo tipo de actividades que cada individuo llevaría a cabo si estuviera solo. (35)

Desmond Morris, en su obra *El mono desnudo*, asevera: "Si no lleváramos en nosotros mismos el fundamental impulso biológico de cooperar con nuestros semejantes, jamás habríamos sobrevivido como especie" (36)

Lo cual, pienso yo, se manifiesta, sobre todo, ante situaciones de desastres o desgracias comunes, porque, por lo general, tenemos mucha tendencia a mirar solamente por nuestros intereses muy individuales o, a lo máximo, a los de nuestra familia cercana. Parte de esta actitud al individualismo es inculcada socialmente.

En algunas especies como las de los insectos sociales (abejas, hormigas, avispas), la reproducción es tan importante que los machos no fértiles son expulsados o eliminados (37)

En última instancia, el sexo, según nuevos descubrimientos, es solo el medio para continuar la especie. "A menos que la cópula dé por resultado la producción de vástagos que, a su vez, puedan sobrevivir la infancia, los años de juventud y llegar a la posición de reproducirse, el sexo no significa nada" (38)

De aquí se desprende que para los fines de la evolución de una especie es la supervivencia de los individuos, por medio de la reproducción y la lactancia en el caso de los mamíferos, la que, en última instancia, dará continuidad a la especie. Individuos así criados, sanamente, al abrigo de la madre, serán aptos para reproducirse al llegar a la madurez. Claro que, para reproducirse y continuar con la especie, llegamos, nuevamente, a la relación copulativa.

"El sexo ofrece variedad y la variedad es la salvación de un mundo imprevisible: los mestizos son más fuertes, más sanos y están mejor dotados para enfrentarse a los imprevistos" (39)

Al mismo tiempo y paradójicamente, es imposible tener una relación sexual [con la consecuente mezcla de genes], sin un acto de apareamiento que frecuentemente precisa de un profundo grado de intimidad, cooperación y vulnerabilidad mutua, (40) lo que, a mi manera de ver, en el *Homo sapiens* va acompañado del amor en muchos casos, sin descartar, por supuesto, que el amor pueda existir entre los demás seres vivos, cosa que, hasta el momento, no entendemos con claridad.

Hasta aquí, un breve resumen del comportamiento de algunas especies, nosotros entre ellas, para hacer resaltar la importancia vital que el sexo tiene en su vida y su conservación. De hecho, según estas teorías, es el elemento que define la evolución y la supervivencia. Pasaremos ahora a estudiar al hombre en particular.

Aspectos de evolución y biología social del *Homo sapiens*

No he podido evitar sonreír, al leer algunos de los comportamientos de las bestias salvajes que ¡son tan iguales, si no idénticos, a los nuestros!

Desde luego, no a muchos les gustará la idea de que remarquemos que somos una de tantas especies del reino animal, pero para el propósito de esta investigación, creo que sí es importante recordarlo. Hay casi doscientas especies de primates, una de ellas es el *Homo sapiens*, la que por más que haya desarrollado un gran cerebro, gran "inteligencia" y control de sus "impulsos animales", los antiguos impulsos genéticos, hereditarios, que la han acompañado durante miles de años, continúan, aunque quedan disimulados a causa de sus complejas y difíciles normas de conducta.

De las especies sexuales mamíferas hasta ahora estudiadas, somos nosotros, los humanos, la más sexual de todas las existentes, ya que podemos copular cualquier día y a cualquier hora, no tenemos que esperar a que la hembra esté en celo o que sea la época de reproducción, y además, la relación sexual nos da placer, con lo cual se contribuye al reforzamiento de la relación de pareja.

"En toda su erótica complejidad, es una especie intensamente sexual, formadora de parejas (...) Es el primate actual de sexo más activo", según afirma el conocido biólogo Desmond Morris, en su obra *El Mono Desnudo*. (41)

Evolucionamos de monos herbívoros que habitaban en los árboles, a monos carnívoros/herbívoros terrestres, habitante de cuevas; a través de miles de años, aumentó el volumen de nuestro cerebro, nuestras manos se hicieron hábiles para tomar los objetos y adoptamos la posición erecta; con el tiempo, supimos aprovechar el fuego e inventar herramientas rudimentarias. A partir de ese momento, "en un abrir y cerrar de ojos" en la escala del tiempo de la existencia del planeta, alcanzamos el desarrollo cultural que "nos ha proporcionado crecientes e impresionantes mejoras tecnológicas, pero cuando éstas chocan con nuestras cualidades biológicas fundamentales, tropiezan con fuerte resistencia. Las normas básicas de comportamiento establecidas en nuestros primeros tiempos de monos cazadores siguen manifestándose en todos nuestros asuntos...Si somos sinceros, tendremos que confesar que se necesitarán millones de años, y el mismo proceso genético de selección natural que la originó, para cambiar nuestra naturaleza animal". (42)

"Detrás de la fachada de la ciudad moderna, sigue morando el viejo mono desnudo" (43). Y como primate de acentuada sexualidad, se resiste al control de natalidad que los gobiernos o algunas religiones, desean ejercer ante el enorme aumento de las actividades sexuales fuera de la pareja. En cuanto se aplican controles artificiales en un sentido, surgen, inmediatamente, contramedidas. (44)

Coincidiendo con las teorías de Hapgood, afirma en otro párrafo: "Podríamos decir que, más que moldear la civilización el moderno comportamiento sexual, ha sido este el que ha dado forma a la civilización" (45)

En todas las especies ese comportamiento pasa por una serie de fases, más o menos coincidentes: coqueteo o galanteo, formación de pareja, actividad precopulativa y cópula, cada una con sus propias características, como son movimiento de ojos, excitación de los órganos sensoriales, secreción de hormonas específicas, roce de cuerpos, etc.

"Si los estudiamos cuidadosamente nos daremos cuenta que nuestra especie ha permanecido mucho más fiel a sus fundamentales impulsos biológicos de lo que habríamos podido imaginar. Su sistema de primate, con modificaciones de carnívoro, ha sobrevivido con notable éxito a todos los fantásticos avances tecnológicos" (46)

Morris aventura la idea de que las relaciones sexuales tan abundantes en el *Homo sapiens* se deben, no a la producción de retoños, es decir, no a una necesidad de procreación, sino al **reforzamiento del lazo entre la pareja, gracias a los mutuos goces físicos de los compañeros sexuales que se ven enfatizados, precisamente, por la desnudez de sus cuerpos**. Y, habría que añadir de nuestro peculio, al goce espiritual que, en la mayoría de los casos, nos proporciona una relación sexual cuando el amor o aún solo un mero afecto o atracción está de por medio (necesidad de fusión propuesta por los humanistas, que veremos más adelante). Dentro de este contexto, resulta más comprensible la relación homosexual que, al menos conscientemente, no busca la procreación. Sin embargo, aún en este tipo de relaciones de hombre que tiene sexo con hombre o entre mujeres, surge en algunos casos el deseo de engendrar.

El macho, en general, siente la necesidad de copular con la mayor cantidad de hembras que pueda o de lo contrario, se sentirá en desventaja con los otros machos con los que compite en sus intentos por trasmitir sus propios genes a la generación siguiente. Esta situación se acentúa por su falta de seguridad en la paternidad. Esto tiene sus consecuencias que se manifiestan en respuestas inadecuadas o pobres hacia un vástago que no sabe si es suyo. (47)

Biológicamente, lo que más interesa a una mujer es elegir a alguien que pueda quedarse con ella y ayudarla a criar a su hijo. Lo que más interesa al hombre, es inseminar y abandonar. Ambos adversarios persiguen un mismo fin: la perduración de sus genes. (48)

Posteriormente veremos cómo Desmon Morris analiza la problemática de la superpoblación y el efecto que tiene en las relaciones sexuales.

Estudios biológicos y antropológicos sobre la ansiedad y el estrés en el ser humano

Cabe señalar que, desde los estudios de Darwin en el siglo XIX, hasta nuestros días, ha habido cambios significativos en las teorías evolucionistas, principalmente debido al hecho de que esta área de estudio, durante mucho tiempo, estuvo en manos de los hombres quienes, no por machismo, sino por propios intereses de su género, no captaron la enorme importancia que la hembra ha tenido en el proceso de la evolución en todas las especies.

Gracias a estudios de antropología y de biología social más recientes, se llega a la conclusión de que el papel de la madre es esencial en el desarrollo de la especie y en lo que concierne al *Homo sapiens*, indispensable en el sano desarrollo de su psique, ya que la ausencia de la madre o de una persona tan cercana a ella que la sustituya, (sustituto consanguíneo, quien es el más indicado en términos evolutivos, según el libro "Mother Nature" de Sarah Blaffer), causa un enorme estrés en el infante.

Según esta misma autora, desde el punto de vista de la evolución y supervivencia, es determinante la información que la madre trasmite al recién nacido. De hecho, aun siendo un feto, este empieza a captar, a partir de los tres meses, el sonido de la voz de la madre. Al nacer, por lógica, es ese sonido el que más lo atrae y al que más responde.

Los conceptos culturales se transmitirán por medio de la voz, lo cual solo es posible en nuestra especie que posee la capacidad de hablar. Otro tipo de información puede transmitirse químicamente, por medio de la leche materna.

Por medio del ejemplo o de enseñanzas directas, la madre trasmite al bebé la forma en que se capta el funcionamiento del mundo, de lo que se come, de quién o a qué tener miedo, en quien confiar. Pero el estímulo más importante para el infante es la presencia continua de alguien que lo cuide en forma cariñosa y responsiva, sea la madre o algún familiar (alopariente)

El primer psicólogo moderno en seguir a Darwin fue John Bowlby quien expresó que, por más de 35 millones de años, los bebés primates lograban sentirse seguros permaneciendo lo más cercanamente posible a la madre y perder contacto con ella significaba la muerte. De ahí se desprende que aún hoy, al cabo de tantos siglos, la separación de la madre o de un sustituto afectuoso provoca en el niño, primero, inquietud, luego rabia y finalmente, desesperación.

Los infantes son altamente vulnerables y actores sociales precoces que llegan al mundo con sus propios programas, gracias a los cuales procuran recibir protección y acceso al alimento continuos, necesarios para su supervivencia. Si la madre se ausenta dejándolo en manos de personas no afectuosas, se sentirán abandonados, lo cual les causa angustia. De igual forma, si la madre es insegura, el bebé presentará señales de evasión, de angustia y aún de enojo y los hijos de madres que se retraen emocionalmente, no adelantan; algunos, incluso, dejan de crecer.

Bowlby observó patrones generales de estos comportamientos: los bebés inseguros, con toda probabilidad serán niños inseguros y de ahí, probablemente, adultos inseguros. Situando a la madre o cualquier pariente cercano en el centro de su universo, la teoría del apego de Bowlby adquiere mucha fuerza en el caso de las madres que están conscientes de las necesidades del bebé pero que, a la vez, aspiran a una vida que va más allá de ese apego hacia el niño (49)

Las madres de hoy que trabajan fuera del hogar, hacen esfuerzos inmensos por continuar dándoles calor y seguridad a sus hijos. Sin embargo, el medio físico y emocional es considerablemente diferente, ya que no consideran vital esa cercanía sino opcional y el resultado es inseguridad en el infante y estrés en la madre. Los centros de cuidados infantiles no siempre son eficientes en el aspecto emocional, o dan ese calor humano y seguridad al bebé; por otro lado, cada vez es más difícil encontrar un "pariente substituto", ya que, en su mayoría, todos tienen que buscarse el sustento fuera del hogar. También hay que tener en cuenta la edad de la madre y sus condiciones de salud. Se ha observado, por ejemplo, que cuanto más joven es la madre menor es su "instinto maternal".

En el caso de las madres adolescentes, no tienen aún la actitud mental para criar a un hijo y en muchos casos su misma familia las rechaza, por lo que no contarán con un familiar que las ayude en esta tarea. En estos casos el padre, por lo general, se desatiende de esa nueva criatura que viene al mundo. Muchas veces, aún en nuestra cultura occidental, las madres recurren al infanticidio, al igual que otros primates, no por aberración psicológica, sino por ineptitud. En otros casos los dan en adopción o los crían ellas mismas, pero ¿Se puede esperar que ese bebé reciba la atención necesaria? Seguramente que no, dadas las circunstancias.

De esto se desprende que hay muchos humanos que no han sido deseados al nacer o ya nacidos son rechazados, no solo por madres adolescentes sino, por

igual forma, de madres adultas que, incluso, están unidas en matrimonio o tienen una pareja estable.

Otro factor que contribuye a un desarrollo psicológico poco sano del infante es que cada día abundan más las madres que no desean lactar a sus hijos, cosa que es de suma importancia, ya que las madres se distancian psicológicamente y están más propensas a embarazarse mucho antes, repitiéndose un ciclo más de alejamiento del infante.

El problema moderno de hogares sin padre incluye penurias económicas, reducción de estatus y en general, perspectivas futuras disminuidas. Para los hijos esto se traduce en viviendas y escuelas de barrios bajos, mayores tasas de delincuencia y de embarazos entre las adolescentes. Un callejón sin salida.

La ciencia comienza a estudiar cómo afecta la angustia y el estrés a los pequeños. La ansiedad infantil suele ser más específica que en el adulto, relacionada con acontecimientos más concretos y fáciles de detectar y tiene un alto componente exógeno, es decir, se trata de un mal inducido por el ritmo de vida de los padres y por la presión que éstos ejercen sobre el menor. (50). De esta forma, **en la actualidad, la proporción de estos bebés angustiados ha ido en aumento (entre 30 y 80%),** lo cual indica aberraciones producidas por condiciones de crianza poco naturales.

En las sociedades primitivas cazadoras recolectoras, casi con seguridad los hijos mueren, y en las industrializadas, es muy probable que cuando el padre se aleja, la madre busque un padrastro que, con mucha frecuencia, no tiene una buena disposición para hacerse cargo de ese hijo que no es suyo. Ahora bien, dentro de esa problemática se observa que las chicas que han crecido sin un padre se involucran en actividades sexuales desde más temprana edad y son más promiscuas. **Algunos**

investigadores piensan que la maduración sexual puede acelerarse cuando en el hogar hay un alto nivel de estrés que da lugar a un aumento temprano de las hormonas producidas en las gónadas y en las glándulas adrenales, con lo que se facilita la menarquia temprana; con eso tendrán relaciones sexuales antes, y embarazos no deseados; así se da un círculo vicioso.

Para los fines de este estudio estos datos son importantes, unidos a los que presenta Desmond Morris en *El Zoo humano*. El ser humano actual vive en un constante estado de estrés y ansiedad, por la situación de habitar en grandes zonas urbanas o "supertribus", en las que las relaciones humanas cada vez son más impersonales y la inhumanidad del hombre hacia el hombre aumenta hasta alcanzar proporciones horribles, con individuos extra poderosos que gobiernan despóticamente y con el resto del grupo, más débil, que acepta el papel de subordinado pero que continúa siendo, a la vez, un jefe frustrado aspirante a un estado superior.

En las sociedades actuales de países industrializados o en vías de desarrollo, en las grandes urbes, aún en los más atrasados y en las áreas agrícolas, la tensión y el estrés ha ido en aumento en el último siglo y medio en relación directa con el aumento desmedido de la población.

Una consecuencia de esto es el hecho de que en las grandes ciudades existe una proporción de suicidios mayor que en las zonas rurales y hay un nivel mayor de suicidios durante las épocas de crisis económicas (51)

Otro resultado podría ser que: "La triple presión de la anticoncepción perfeccionada, la disminución de enfermedades venéreas [que, desgraciadamente, van en aumento en la actualidad], y el continuo aumento de la población humana conducirá a un dramático incremento

de las formas no reproductivas de complacencia
copulativa" (52)

7 CAUSAS PROFUNDAS: ASPECTOS FISIOLÓGICOS

Papel del cerebro

Como hemos visto líneas arriba, el ser humano es sumamente adaptable y de eso, en gran medida, ha dependido su proceso evolutivo. Para llegar a esas adaptaciones a diferentes medios ambientes, se requiere de un cerebro hábil y flexible. El cerebro humano es el objeto más complejo del universo conocido

Anthony Walsh, describe el proceso físico en "The Science of Love":

"El bebé humano llega al mundo pleno de potencialidades dormidas. El despertar, desarrollo y realización de esas potencialidades depende, en gran medida, de la experiencia. Esas experiencias que hacen de nosotros lo que somos y lo que podemos ser, son percibidas, procesadas y nos afectan, por medio de un intrincado laberinto electroquímico de interacciones entre aproximadamente 10, 000 millones de células cerebrales (neuronas). Las neuronas, los complejos bloques de construcción del sistema nervioso, son unidades de comunicación...Proyectándose fuera del cuerpo de la neurona están los axones, que trasmiten información de una célula a otra en forma de señales eléctricas de potencia constante, pero frecuencia variable, en infinitesimales confluencias o intervalos llamados sinapsis.

"La información se trasmite mediante sinapsis neuronales que se comunican químicamente en forma de pequeños chorros de elementos químicos llamados neurotransmisores. Los neurólogos han identificado aproximadamente 60 clases de neurotransmisores hasta ahora...A nivel molecular los neurotransmisores son los que nos hacen estar tristes o contentos, enfadados o tranquilos, preocupados o relajados" (53)

Uno de los problemas que aún no conocemos bien es cómo el mero flujo de iones y sustancias químicas puede crear imágenes, pensamientos, reacciones al mundo exterior y cómo todo esto puede iniciarse, detenerse o alterarse mediante impulsos eléctricos y sustancias químicas.

Las partes del cerebro dedicadas a la regulación biológica (corazón, respiración, etc.), los instintos e impulsos más básicos (hambre, libido) y los reflejos (ante temores primarios) están conectados al sistema límbico, localizado cerca del tronco del cerebro y del hipotálamo.

El hipotálamo es un conglomerado de neuronas, cada una con sus conexiones sinápticas (o sinapsis) a otros conjuntos de neuronas (núcleos); cada núcleo tiene una función definida que contribuye a la función del conjunto. Mucha de la información que recibe esta parte del cerebro le llega en forma de estímulos directos, físicos o químicos. Por ejemplo, algunas de sus neuronas son sensibles a las hormonas, como la testosterona. Otras sintetizan y segregan hormonas como la *oxitocina.* Sin embargo, la mayoría opera localmente sobre la glándula pituitaria que, a su vez, segrega hormonas involucradas en los órganos reproductivos. Con esta "danza" de hormonas, el hipotálamo ejerce control sobre el sexo y la reproducción.

En un día típico dentro del cerebro, trillones de mensajes se mandan y se reciben. Los mensajes que son "felices" o positivos, son llevados por el sistema biogenético de amino/endorfina (con sus hormonas *serotonina, noradrenalina y dopam*ina) La serotonina, por ejemplo, es la que regula el sueño; al primer síntoma de estrés, bajan sus niveles y esto se manifiesta en la incapacidad para dormir adecuadamente.

Otros mensajes sombríos o depresores son llevados por otro sistema. La mayor parte de los centros nerviosos reciben ambos tipos de mensajes y mientras hay equilibrio en estas transmisiones, todo funciona con normalidad. Sin embargo, cuando existe demasiado estrés, el sistema positivo comienza a fallar, lo que causa que los centros cerebrales reciban solo mensajes "tristes" y esto causa que la persona entre en un estado de desequilibrio químico cerebral conocido como "sobre estrés" que la hace sentir muy mal, con cansancio, insomnio y angustia, entre otros. (54)

Para el lector no experto toda esta descripción puede parecer confusa y en realidad lo es. Hago hincapié aquí en esta confusión porque, verdaderamente, ni aún los expertos han llegado a comprender todavía el funcionamiento del cerebro humano en su totalidad. Queda claro, sin embargo, que funciona gracias a una serie de sustancias químicas y de impulsos eléctricos en los cuales la voluntad o el deseo del individuo de hacer una u otra cosa con su cerebro, y con todo su cuerpo, no ejerce ninguna influencia o control. Muchas de esas actividades se inician gracias al estímulo creado por algo que se huele, se oye, se siente o se ve. Por ejemplo, en la mayoría de los animales, lo que determina la actividad de las neuronas del "centro sexual" es el olfato, en primera instancia; este, a su vez, incentiva la producción de hormonas de diferentes tipos, como veremos más adelante.

Con el fin de subrayar la complicación del funcionamiento del cerebro, así como el determinismo de muchas de sus funciones, citaré algunas ideas de la obra *El cerebro sexual* de Simon LeVay: "La vida mental del ser humano sobrepasa la esfera del sexo y el cerebro. Así, concretamente, el hipotálamo tiene áreas que controlan la agresividad del macho, por ejemplo. Y en las hembras, la agresividad maternal en la defensa de sus crías está suscitada por complejas interacciones de fenómenos hormonales y sensoriales" (55)

Papel de las hormonas

Los procesos fisiológicos del sexo no son solo una orden vascular o neuromuscular. Una parte muy importante de ellos está regulada por el sistema endocrino, bastante complejo, constituido por glándulas de secreción interna productoras de sustancias llamadas hormonas, vertidas directamente al torrente circulatorio que las lleva a los tejidos donde van a desempeñar su acción.

Como ya mencionamos, las hormonas contribuyen con muchas de las funciones y patrones de conducta en los cuales, nuestra voluntad o deseo, prácticamente no interviene. Muchas se conocen ampliamente y se ha identificado bien su función. En otras tantas es aún un tanto confuso.

Diferentes órganos las segregan, desde el cerebro hasta la placenta, y cada una tiene una o varias funciones específicas; otras glándulas como el hipotálamo, por medio de las hormonas que produce, tienen la tarea específica de controlar el funcionamiento de otras.

Las hormonas son como embajadoras que ayudan a pasar señales específicas de una célula a otra. Las neuronas del cerebro son, en realidad, las que orquestan el comportamiento del ser humano y las hormonas solo estimulan; su efectividad depende de la receptividad de los tejidos a los cuales están dirigidas; si esos tejidos están predispuestos, las recibirán.

Para citar algunas de las hormonas, tenemos, por ejemplo, a la *oxitocina*, producida en la glándula hipófisis que se encuentra debajo del cerebro: impulsa las contracciones del útero durante el nacimiento del niño, la eyección de la leche desde los conductos mamarios y la conducta maternal; pero también tiene un papel de igual importancia en el amor romántico ya que fomenta las caricias entre los amantes e incrementa el placer durante el acto amoroso. Se cree que es ella la que, conforme se acerca el clímax, hace que los nervios de los genitales se pongan en tensión y finalmente se produzca el orgasmo. El olor o el contacto con el ser amado pueden disparar su producción en un acto totalmente involuntario.

No solo ésta, sino que la *testosterona*, presente tanto en el hombre como en la mujer, también es el principal determinante biológico del impulso sexual y los *estrógenos*, llamados con frecuencia hormonas femeninas, pero que también se encuentran en el varón, más bien reducen el apetito sexual. Los *estrógenos* en la mujer son importantes para mantener en buen estado la mucosa vaginal (lubricación) También contribuyen a conservar la calidad superficial de los senos y la elasticidad de la vagina.

La *progesterona*, relacionada con las dos anteriores, se halla también en ambos sexos. En estudios en animales, se ha observado que administrada en grandes cantidades, suprime el interés sexual y ante esto, algunas especialistas consideran que puede ser un inhibidor de la sexualidad en el ser humano.

El hipotálamo, parte del cerebro situado en su parte inferior, como ya hemos visto, produce una sustancia llamada *hormona liberadora de la gonadotropina* que regula la secreción de dos hormonas elaboradas en la hipófisis (órgano del tamaño de una bellota situado debajo del cerebro) y que actúan sobre los ovarios y los testículos. La *hormona luteneizante*, que estimula las células de Leydig (en los testículos) para la producción de testosterona y en la mujer, desencadena la ovulación. La *hormona folículo esti*mulante impulsa la formación de espermatozoides en los testículos y en la mujer prepara el ovario para la ovulación.

El hipotálamo actúa de manera parecida a un termostato en la regulación de la función hormonal. En el varón, por ejemplo, "registra" el contenido de la testosterona. Si el nivel es alto, se detiene la producción de la hormona liberadora de gonadotropina, lo que tiene por efecto en descenso de la hormona luteneizante que segrega la hipófisis; esta disminución origina muy pronto una reducción en la producción de testosterona en los testículos y, por tanto, es menor el aporte de ésta liberada a la corriente circulatoria. (56)

Esto, solo para dar una idea de lo preciso y complicado que es el funcionamiento del sistema endocrino...

"Carl Jung escribió: El encuentro de dos personalidades es como el contacto entre dos sustancias químicas, si se produce una reacción, ambos se transforman" (57)

Hoy sabemos que ya no es "como" sino que "es" así: el funcionamiento fisiológico de la persona consiste en una serie de reacciones químicas.

De la misma manera, cuando dos personas se encuentran atractivas, sus cuerpos reciben una descarga de otra sustancia química, la *feniletilamina*, que acelera el flujo de información entre las células nerviosas; bombardea el cerebro y produce una enorme excitación, que es el motivo de sentirse eufóricos y contentos. Nuevamente, otra actividad interna incontrolable.

Es más, esta sustancia crea adicción de todo tipo de sensaciones euforizantes, mantiene a la persona alerta, confiada y lista para probar algo nuevo. "Esto –dice Ackerman – puede contribuir a explicar un fenómeno fascinante: **la gente es mucho más propensa a enamorarse cuando se siente en peligro: los amores en tiempo de guerra son comunes**". Y añade: "Cuando los sentidos están exaltados por la ansiedad, la novedad o el miedo, es mucho más fácil tener éxtasis místicos o enamorarse. El peligro hace que uno sea más receptivo al amor" (58)

"Si dos personas que son desconocidas la una de la otra, como lo somos todos, dejan caer de pronto la barrera que las separa y se sienten cercanas, se sienten una sola entidad; ese momento de unidad constituye uno de los más estimulantes y excitantes de la vida. Y resulta aún más maravilloso y milagroso para aquellas personas que han vivido encerradas, aisladas, sin amor" (59)

Ahora bien, en el ser humano, la relación entre hormonas y conducta sexual es más compleja, dado que tiene voluntad y libre albedrío, lo que lleva a que no siempre, por ejemplo, una marcada deficiencia de testosterona reduzca el interés sexual del varón o de la mujer. En el comportamiento sexual intervienen también muchos factores culturales, como veremos más adelante.

Últimamente se han estudiado mucho las señales químicas llamadas *feromonas*, sustancias olorosas que actúan de manera similar a las hormonas, llevando mensajes químicos que activan patrones altamente específicos de excitación neuronal en el cerebro; según Lawrence Katz, del Instituto Médico Howard Hughes, en estudios en animales, principalmente en ratones, se descubrió que colectan señales de las feromonas a través de una respuesta física, en la cual el labio superior se retrae en la exploración de las áreas ano genitales. **La información contenida en las señales de las feromonas es clave para la supervivencia y la reproducción.**

"En esencia, cada animal individual tiene una firma feromonal distinta (...) Hay evidencia de que los seres humanos también responden a las señales de feromonas. No se olviden de que por años el ingrediente principal en los perfumes era la secreción de la glándula anal del gato de algalia, que probablemente está llena de feromonas. Además, en los seres humanos hay indicios de que moléculas de tipo feromonas activan distintas partes del cerebro que las activadas por sustancias odoríferas estándares". (60)

En la actualidad, la presencia de esas sustancias, que han sido llamadas sexto sentido en el ser humano, es motivo de acalorados debates científicos. Sus mentores aseguran que influyen en nuestro comportamiento erótico. Por ejemplo, hace algunos años se descubrió que los órganos genitales externos de la mujer producen, sobre todo durante la ovulación, una secreción (feromona) que ha sido denominada *copulina*, compuesta de ácidos grasos volátiles y que tienen la virtud de atraer como un imán al sexo opuesto. La versión masculina de esta sustancia podría ser la androsterona, molécula que se halla en la orina y el sudor. (61)

La herencia

Últimamente se habla mucho del lenguaje de la vida, de la herencia genética, el genoma humano que, en cierta forma determina nuestra existencia. Sería, pienso, esa "hoja en blanco" con la que llega el bebé al mundo y que, desde hace ya más de un siglo, se está demostrando cada vez más, no viene en blanco y trae una información bien definida e individual. Trae consigo, por así decirlo, su potencial, su predisposición y sus variables individuales que contribuirán a hacer de él un ser único y diferente, en muchos aspectos, al resto de los seres humanos.

¿Qué es todo esto de los genes y el lenguaje de la vida? Trataremos de explicarlo breve y claramente, sin entrar a las leyes de la herencia, presentando solo un aspecto con el fin de dar una idea de lo que es la genética, pues para los profanos es bastante complicado y difícil de comprender.

La mayoría de las características físicas humanas (y de todos los seres vivos), están influidas por múltiples variables genéticas, así como por el medio ambiente. Algunas, como la estatura, poseen un fuerte componente genético, mientras que otras, como el peso, tienen un componente ambiental muy importante. Parece que algunos caracteres, como el grupo sanguíneo y los antígenos implicados en el rechazo de trasplantes, están totalmente determinados por componentes genéticos. Así mismo, la susceptibilidad a padecer ciertas enfermedades tiene un componente genético muy importante; este grupo incluye la esquizofrenia, varias formas de cáncer, la migraña, las cefaleas y la hipertensión arterial.

Edward O. Wilson, biólogo de la Universidad de Harvard, argumenta que varias conductas humanas universalmente observadas están programadas genéticamente. Por ejemplo, se afirma que el tabú del incesto −que en todas las culturas humanas prohíbe que los parientes sanguíneos cercanos tengan relaciones sexuales, es una conducta genéticamente determinada para impedir problemas genéticos causados por la endogamia.

En el núcleo de cada célula de nuestro cuerpo se hallan los cromosomas, corpúsculos generalmente con forma de filamentos, que controlan el desarrollo genético. Los cromosomas están constituidos por cadenas lineales de moléculas de ácido desoxirribonucléico (ADN-soporte bioquímico de los genes) que tiene la forma de una escalera enrollada en espiral. Las cadenas de ADN están estructuradas en unidades llamadas genes.

Se calcula que nuestro acervo genético alcanza aproximadamente unos cien mil genes estructurales distribuidos en los cuarenta y seis cromosomas del genoma (conjunto de genes) humano, Son veintitrés pares de cromosomas, la mitad de los cuales los heredamos del padre y la otra mitad de la madre. El total de material genético que contiene una unidad celular es de 3 mil millones de pares de nucleótidos, 22 autosómicos y un par de cromosomas sexuales (X y Y)

Los cromosomas están compuestos casi en su totalidad por dos tipos de sustancias químicas: proteínas y ácidos nucleicos y el ADN está formado por sustancias llamadas nucleótidos; cada uno de los cuales está compuesto de un grupo de fosfatos, una azúcar conocida como desoxirribosa y una de las cuatro bases que contienen nitrógeno que son: A que representa la Adenina; G la Guanina, T la Timina y C la Citosina. Estas cuatro letras A, G, T y C, formando pares, se van a combinar de mil maneras, por así decirlo, y van a dar lugar al código genético gracias al cual se almacena información genética de un individuo dado.

Estas sustancias nitrogenadas se "aparean" dentro de la cadena lineal en forma específica: la Adenina siempre se une a la Timina y la Citosina a la Guanina, de tal forma que con la combinación de estas cuatro letras se pueden formar "palabras" de tres letras (codones) que darán lugar a códigos específicos. ¿Por qué este apareamiento determinado? La Adenina y la Guanina se llaman *purinas* y están formadas por dos anillos en los que hay átomos de carbono y nitrógeno. La citosina y la timina se conocen como *pirimidinas* y estás formadas por un solo anillo de átomos de carbono y nitrógeno. Si en el seno de la doble hélice tuvieran que aparearse dos pirimidinas, éstas serían demasiado pequeñas para llenar el espacio libre entre los dos esqueletos o lados verticales de la hélice, que tendrían que aproximarse para asegurar la unión de todos los puntos. Si, por el contrario, se enfrentasen dos purinas, la unión resultaría demasiado grande. Uniendo una pirimidina con una purina, se logra la misma dimensión en todas las uniones, es decir, la distancia entre los dos esqueletos se mantendrá constante, con lo que la estructura de la molécula de ADN será siempre idéntica.

La combinación por pares de estas cuatro letras (codones) codificarán en forma específica a cada uno de los 20 aminoácidos de que están formadas las proteínas y así el lenguaje de la vida podrá construir palabras, programarlas, traducirlas y fabricar dichas proteínas que son el último eslabón en el proceso genético, más o menos de la siguiente forma: Cada unidad estructural de los ácidos nucleicos –guanina, adenina, timina y citosina – representa una "letra" del código; tres letras constituyen una "palabra" y cada palabra representa un solo aminoácido, de forma que una secuencia definida de bases del ADN constituye el código para la secuencia de aminoácidos característica de una proteína determinada. Los genetistas aprendieron a deletrear cada una de las palabras y comprobaron que algunas de las combinaciones de tres letras no eran palabras sino "signos de puntuación" que marcan el principio o el fin de cada mensaje genético.

La información genética cifrada en las secuencias del ADN integra el mensaje para la síntesis de las proteínas, como hemos visto. Las proteínas de un individuo son específicas, por lo que, lógicamente, la información para su síntesis que se encuentra cifrada en el código genético, también debe serlo; en consecuencia, el código genético es específico.

"En los organismos más complicados, la misión del ADN es increíble: a través de miles y miles de divisiones de un óvulo fertilizado original, el ADN debe llevar el control del desarrollo total del individuo. Su actuación empezaría por la diferenciación de células individuales, en las que el ADN sería responsable de la producción y distribución de sus múltiples enzimas: en el momento preciso debe producirse la cantidad correcta de enzimas que deben dirigirse a los lugares adecuados para su acción biológica. Además, las células tienen que estar organizadas en tejidos y éstos integrados en órganos que, asociados, constituyen los aparatos y sistemas del organismo. Una vez que el individuo está formado por completo, el ADN tiene que guiarle hasta el estado adulto y en ese estado tiene que afrontar un periodo de intenso trabajo: producción continua de sangre, sustitución de células, secreción de hormonas, síntesis de enzimas y de todo el conjunto de materiales que mantienen al individuo funcionando" (62)

Lo descrito hasta ahora tan brevemente, no es sino un solo aspecto de la genética que, hasta el momento, sigue avanzando, en especial en el área del genoma humano. Se intenta descubrir todos sus genes, hacer una especie de mapa con ellos, para poderlos identificar. Esto está en proceso, de la misma manera que las investigaciones referentes al determinismo genético en la mente de los asesinos, para poner un ejemplo, o bien, qué influencia genética puede haber en las muchas variaciones de la diversidad sexual.

Tanto el funcionamiento hormonal como la genética me causan admiración, me llevan a preguntarme cómo es posible que los seres vivos sean tan, tan complicados y a la vez tan perfectos en su funcionamiento, a pensar que toda esta maquinaria en movimiento constante, todas esas sustancias químicas interactuando, casi obedeciendo mandatos predeterminados, de una u otra forma, siendo parte del cuerpo, en este caso del humano, por lógica, deben influir en su comportamiento e incluso determinarlo.

Neurofisiología del amor

El niño nace con el cerebro a medio crecer y la mayor parte de sus patrones neuronales evolucionan después del nacimiento. El modo en que se desarrollen depende de lo que ocurra durante sus primeros años.

"El psicofisiólogo Gary Lynch - observa Ackerman – ha descubierto que las situaciones emocionales más hondamente vividas estimulan las células del cerebro más de lo habitual. Entonces, esas neuronas se vuelven sensibles a acontecimientos similares. Cada vez que se repite la experiencia, las neuronas se vuelven más susceptibles (...) A cada repetición de la experiencia una enzima llama a más receptores a estar disponibles en la sinapsis de la célula, lo que, a su vez, permite entrada a más información.

"Y, como indica Anthony Walsh: **La información que se da a los niños respecto a su valía y su capacidad de ser amados durante esos críticos primeros años de su existencia contribuye poderosamente a las posteriores evaluaciones de su utilidad e inutilidad. Un estudio sobre autoestima indicaba que la nutrición paterno-maternal temprana eclipsaba totalmente todos los demás factores analizados en los niveles explícitos de autoestima** (...) Si el amor es tan tremendamente importante en nuestra vida, es necesario que 'las vías del amor' del cerebro estén en buen estado y los buenos sentimientos transiten por ellas durante este periodo. Las vías del amor profundamente marcadas en el cerebro, predispondrán al niño a responder al mundo con interés, confianza y comprensión del otro" (63)

Al nivel adulto, el doctor Santiago Dexeus, director del Departamento de Obstetricia y Ginecología del Instituto Dexeus en Barcelona, España, afirma que **el estado de enamoramiento es el mejor conocido desde el punto de vista fisiológico. En este trance de encantamiento, que fluctúa entre la obsesión y el delirio, algo ocurre en el interior de las personas que no puede ser explicado exclusivamente por las cogniciones y las conductas, sino también por la bioquímica.**

El amor pasional es como una droga pues crea una adicción tal, que la pérdida de este estado ocasiona un desasosiego semejante al síndrome de abstinencia de la cocaína. "Para evitar este déficit, el mismo proceso de enamoramiento provoca una segunda secreción, los llamados opiáceos naturales –las endorfinas, semejantes a la morfina–, que confieren a las parejas una gratísima sensación de paz y tranquilidad" (64)

8 CAUSAS PROFUNDAS: ASPECTOS PSICOLÓGICOS

Papel del cerebro

Como hemos visto líneas arriba, el ser humano es sumamente adaptable y de eso, en gran medida, ha dependido su proceso evolutivo. Para llegar a esas adaptaciones a diferentes medios ambientes, se requiere de un cerebro hábil y flexible. El cerebro humano es el objeto más complejo del universo conocido

Anthony Walsh, describe el proceso físico en "The Science of Love":

"El bebé humano llega al mundo pleno de potencialidades dormidas. El despertar, desarrollo y realización de esas potencialidades depende, en gran medida, de la experiencia. Esas experiencias que hacen de nosotros lo que somos y lo que podemos ser, son percibidas, procesadas y nos afectan, por medio de un intrincado laberinto electroquímico de interacciones entre aproximadamente 10, 000 millones de células cerebrales (neuronas). Las neuronas, los complejos bloques de construcción del sistema nervioso, son unidades de comunicación...Proyectándose fuera del cuerpo de la neurona están los axones, que trasmiten información de una célula a otra en forma de señales eléctricas de potencia constante, pero frecuencia variable, en infinitesimales confluencias o intervalos llamados sinapsis.

"La información se trasmite mediante sinapsis neuronales que se comunican químicamente en forma de pequeños chorros de elementos químicos llamados neurotransmisores. Los neurólogos han identificado aproximadamente 60 clases de neurotransmisores hasta ahora...A nivel molecular los neurotransmisores son los que nos hacen estar tristes o contentos, enfadados o tranquilos, preocupados o relajados" (53)

Uno de los problemas que aún no conocemos bien es cómo el mero flujo de iones y sustancias químicas puede crear imágenes, pensamientos, reacciones al mundo exterior y cómo todo esto puede iniciarse, detenerse o alterarse mediante impulsos eléctricos y sustancias químicas.

Las partes del cerebro dedicadas a la regulación biológica (corazón, respiración, etc.), los instintos e impulsos más básicos (hambre, libido) y los reflejos (ante temores primarios) están conectados al sistema límbico, localizado cerca del tronco del cerebro y del hipotálamo.

El hipotálamo es un conglomerado de neuronas, cada una con sus conexiones sinápticas (o sinapsis) a otros conjuntos de neuronas (núcleos); cada núcleo tiene una función definida que contribuye a la función del conjunto. Mucha de la información que recibe esta parte del cerebro le llega en forma de estímulos directos, físicos o químicos. Por ejemplo, algunas de sus neuronas son sensibles a las hormonas, como la testosterona. Otras sintetizan y segregan hormonas como la *oxitocina*. Sin embargo, la mayoría opera localmente sobre la glándula pituitaria que, a su vez, segrega hormonas involucradas en los órganos reproductivos. Con esta "danza" de hormonas, el hipotálamo ejerce control sobre el sexo y la reproducción.

En un día típico dentro del cerebro, trillones de mensajes se mandan y se reciben. Los mensajes que son "felices" o positivos, son llevados por el sistema biogenético de amino/endorfina (con sus hormonas *serotonina, noradrenalina y dopam*ina) La serotonina, por ejemplo, es la que regula el sueño; al primer síntoma de estrés, bajan sus niveles y esto se manifiesta en la incapacidad para dormir adecuadamente.

Otros mensajes sombríos o depresores son llevados por otro sistema. La mayor parte de los centros nerviosos reciben ambos tipos de mensajes y mientras hay equilibrio en estas transmisiones, todo funciona con normalidad. Sin embargo, cuando existe demasiado estrés, el sistema positivo comienza a fallar, lo que causa que los centros cerebrales reciban solo mensajes "tristes" y esto causa que la persona entre en un estado de desequilibrio químico cerebral conocido como "sobre estrés" que la hace sentir muy mal, con cansancio, insomnio y angustia, entre otros. (54)

Para el lector no experto toda esta descripción puede parecer confusa y en realidad lo es. Hago hincapié aquí en esta confusión porque, verdaderamente, ni aún los expertos han llegado a comprender todavía el funcionamiento del cerebro humano en su totalidad. Queda claro, sin embargo, que funciona gracias a una serie de sustancias químicas y de impulsos eléctricos en los cuales la voluntad o el deseo del individuo de hacer una u otra cosa con su cerebro, y con todo su cuerpo, no ejerce ninguna influencia o control. Muchas de esas actividades se inician gracias al estímulo creado por algo que se huele, se oye, se siente o se ve. Por ejemplo, en la mayoría de los animales, lo que determina la actividad de las neuronas del "centro sexual" es el olfato, en primera instancia; este, a su vez, incentiva la producción de hormonas de diferentes tipos, como veremos más adelante.

Con el fin de subrayar la complicación del funcionamiento del cerebro, así como el determinismo de muchas de sus funciones, citaré algunas ideas de la obra *El cerebro sexual* de Simon LeVay: "La vida mental del ser humano sobrepasa la esfera del sexo y el cerebro. Así, concretamente, el hipotálamo tiene áreas que controlan la agresividad del macho, por ejemplo. Y en las hembras, la agresividad maternal en la defensa de sus crías está suscitada por complejas interacciones de fenómenos hormonales y sensoriales" (55)

Papel de las hormonas

Los procesos fisiológicos del sexo no son solo una orden vascular o neuromuscular. Una parte muy importante de ellos está regulada por el sistema endocrino, bastante complejo, constituido por glándulas de secreción interna productoras de sustancias llamadas hormonas, vertidas directamente al torrente circulatorio que las lleva a los tejidos donde van a desempeñar su acción.

Como ya mencionamos, las hormonas contribuyen con muchas de las funciones y patrones de conducta en los cuales, nuestra voluntad o deseo, prácticamente no interviene. Muchas se conocen ampliamente y se ha identificado bien su función. En otras tantas es aún un tanto confuso.

Diferentes órganos las segregan, desde el cerebro hasta la placenta, y cada una tiene una o varias funciones específicas; otras glándulas como el hipotálamo, por medio de las hormonas que produce, tienen la tarea específica de controlar el funcionamiento de otras.

Las hormonas son como embajadoras que ayudan a pasar señales específicas de una célula a otra. Las neuronas del cerebro son, en realidad, las que orquestan el comportamiento del ser humano y las hormonas solo estimulan; su efectividad depende de la receptividad de los tejidos a los cuales están dirigidas; si esos tejidos están predispuestos, las recibirán.

Para citar algunas de las hormonas, tenemos, por ejemplo, a la *oxitocina*, producida en la glándula hipófisis que se encuentra debajo del cerebro: impulsa las contracciones del útero durante el nacimiento del niño, la eyección de la leche desde los conductos mamarios y la conducta maternal; pero también tiene un papel de igual importancia en el amor romántico ya que fomenta las caricias entre los amantes e incrementa el placer durante el acto amoroso. Se cree que es ella la que, conforme se acerca el clímax, hace que los nervios de los genitales se pongan en tensión y finalmente se produzca el orgasmo. El olor o el contacto con el ser amado pueden disparar su producción en un acto totalmente involuntario.

No solo ésta, sino que la *testosterona*, presente tanto en el hombre como en la mujer, también es el principal determinante biológico del impulso sexual y los *estrógenos*, llamados con frecuencia hormonas femeninas, pero que también se encuentran en el varón, más bien reducen el apetito sexual. Los *estrógenos* en la mujer son importantes para mantener en buen estado la mucosa vaginal (lubricación) También contribuyen a conservar la calidad superficial de los senos y la elasticidad de la vagina.

La *progesterona*, relacionada con las dos anteriores, se halla también en ambos sexos. En estudios en animales, se ha observado que administrada en grandes cantidades, suprime el interés sexual y ante esto, algunas especialistas consideran que puede ser un inhibidor de la sexualidad en el ser humano.

El hipotálamo, parte del cerebro situado en su parte inferior, como ya hemos visto, produce una sustancia llamada *hormona liberadora de la gonadotropina* que regula la secreción de dos hormonas elaboradas en la hipófisis (órgano del tamaño de una bellota situado debajo del cerebro) y que actúan sobre los ovarios y los testículos. La *hormona luteneizante*, que estimula las células de Leydig (en los testículos) para la producción de testosterona y en la mujer, desencadena la ovulación. La *hormona folículo esti*mulante impulsa la formación de espermatozoides en los testículos y en la mujer prepara el ovario para la ovulación.

El hipotálamo actúa de manera parecida a un termostato en la regulación de la función hormonal. En el varón, por ejemplo, "registra" el contenido de la testosterona. Si el nivel es alto, se detiene la producción de la hormona liberadora de gonadotropina, lo que tiene por efecto en descenso de la hormona luteneizante que segrega la hipófisis; esta disminución origina muy pronto una reducción en la producción de testosterona en los testículos y, por tanto, es menor el aporte de ésta liberada a la corriente circulatoria. (56)

Esto, solo para dar una idea de lo preciso y complicado que es el funcionamiento del sistema endocrino...

"Carl Jung escribió: El encuentro de dos personalidades es como el contacto entre dos sustancias químicas, si se produce una reacción, ambos se transforman" (57)

Hoy sabemos que ya no es "como" sino que "es" así: el funcionamiento fisiológico de la persona consiste en una serie de reacciones químicas.

De la misma manera, cuando dos personas se encuentran atractivas, sus cuerpos reciben una descarga de otra sustancia química, la *feniletilamina*, que acelera el flujo de información entre las células nerviosas; bombardea el cerebro y produce una enorme excitación, que es el motivo de sentirse eufóricos y contentos. Nuevamente, otra actividad interna incontrolable.

Es más, esta sustancia crea adicción de todo tipo de sensaciones euforizantes, mantiene a la persona alerta, confiada y lista para probar algo nuevo. "Esto –dice Ackerman – puede contribuir a explicar un fenómeno fascinante: **la gente es mucho más propensa a enamorarse cuando se siente en peligro: los amores en tiempo de guerra son comunes**". Y añade: "Cuando los sentidos están exaltados por la ansiedad, la novedad o el miedo, es mucho más fácil tener éxtasis místicos o enamorarse. El peligro hace que uno sea más receptivo al amor" (58)

"Si dos personas que son desconocidas la una de la otra, como lo somos todos, dejan caer de pronto la barrera que las separa y se sienten cercanas, se sienten una sola entidad; ese momento de unidad constituye uno de los más estimulantes y excitantes de la vida. Y resulta aún más maravilloso y milagroso para aquellas personas que han vivido encerradas, aisladas, sin amor" (59)

Ahora bien, en el ser humano, la relación entre hormonas y conducta sexual es más compleja, dado que tiene voluntad y libre albedrío, lo que lleva a que no siempre, por ejemplo, una marcada deficiencia de testosterona reduzca el interés sexual del varón o de la mujer. En el comportamiento sexual intervienen también muchos factores culturales, como veremos más adelante.

Últimamente se han estudiado mucho las señales químicas llamadas *feromonas*, sustancias olorosas que actúan de manera similar a las hormonas, llevando mensajes químicos que activan patrones altamente específicos de excitación neuronal en el cerebro; según Lawrence Katz, del Instituto Médico Howard Hughes, en estudios en animales, principalmente en ratones, se descubrió que colectan señales de las feromonas a través de una respuesta física, en la cual el labio superior se retrae en la exploración de las áreas ano genitales. **La información contenida en las señales de las feromonas es clave para la supervivencia y la reproducción.**

"En esencia, cada animal individual tiene una firma feromonal distinta (...) Hay evidencia de que los seres humanos también responden a las señales de feromonas. No se olviden de que por años el ingrediente principal en los perfumes era la secreción de la glándula anal del gato de algalia, que probablemente está llena de feromonas. Además, en los seres humanos hay indicios de que moléculas de tipo feromonas activan distintas partes del cerebro que las activadas por sustancias odoríferas estándares". (60)

En la actualidad, la presencia de esas sustancias, que han sido llamadas sexto sentido en el ser humano, es motivo de acalorados debates científicos. Sus mentores aseguran que influyen en nuestro comportamiento erótico. Por ejemplo, hace algunos años se descubrió que los órganos genitales externos de la mujer producen, sobre todo durante la ovulación, una secreción (feromona) que ha sido denominada *copulina*, compuesta de ácidos grasos volátiles y que tienen la virtud de atraer como un imán al sexo opuesto. La versión masculina de esta sustancia podría ser la androsterona, molécula que se halla en la orina y el sudor. (61)

La herencia

Últimamente se habla mucho del lenguaje de la vida, de la herencia genética, el genoma humano que, en cierta forma determina nuestra existencia. Sería, pienso, esa "hoja en blanco" con la que llega el bebé al mundo y que, desde hace ya más de un siglo, se está demostrando cada vez más, no viene en blanco y trae una información bien definida e individual. Trae consigo, por así decirlo, su potencial, su predisposición y sus variables individuales que contribuirán a hacer de él un ser único y diferente, en muchos aspectos, al resto de los seres humanos.

¿Qué es todo esto de los genes y el lenguaje de la vida? Trataremos de explicarlo breve y claramente, sin entrar a las leyes de la herencia, presentando solo un aspecto con el fin de dar una idea de lo que es la genética, pues para los profanos es bastante complicado y difícil de comprender.

La mayoría de las características físicas humanas (y de todos los seres vivos), están influidas por múltiples variables genéticas, así como por el medio ambiente. Algunas, como la estatura, poseen un fuerte componente genético, mientras que otras, como el peso, tienen un componente ambiental muy importante. Parece que algunos caracteres, como el grupo sanguíneo y los antígenos implicados en el rechazo de trasplantes, están totalmente determinados por componentes genéticos. Así mismo, la susceptibilidad a padecer ciertas enfermedades tiene un componente genético muy importante; este grupo incluye la esquizofrenia, varias formas de cáncer, la migraña, las cefaleas y la hipertensión arterial.

Edward O. Wilson, biólogo de la Universidad de Harvard, argumenta que varias conductas humanas universalmente observadas están programadas genéticamente. Por ejemplo, se afirma que el tabú del incesto –que en todas las culturas humanas prohíbe que los parientes sanguíneos cercanos tengan relaciones sexuales, es una conducta genéticamente determinada para impedir problemas genéticos causados por la endogamia.

En el núcleo de cada célula de nuestro cuerpo se hallan los cromosomas, corpúsculos generalmente con forma de filamentos, que controlan el desarrollo genético. Los cromosomas están constituidos por cadenas lineales de moléculas de ácido desoxirribonucleico (ADN-soporte bioquímico de los genes) que tiene la forma de una escalera enrollada en espiral. Las cadenas de ADN están estructuradas en unidades llamadas genes.

Se calcula que nuestro acervo genético alcanza aproximadamente unos cien mil genes estructurales distribuidos en los cuarenta y seis cromosomas del genoma (conjunto de genes) humano, Son veintitrés pares de cromosomas, la mitad de los cuales los heredamos del padre y la otra mitad de la madre. El total de material genético que contiene una unidad celular es de 3 mil millones de pares de nucleótidos, 22 autosómicos y un par de cromosomas sexuales (X y Y)

Los cromosomas están compuestos casi en su totalidad por dos tipos de sustancias químicas: proteínas y ácidos nucleicos y el ADN está formado por sustancias llamadas nucleótidos; cada uno de los cuales está compuesto de un grupo de fosfatos, una azúcar conocida como desoxirribosa y una de las cuatro bases que contienen nitrógeno que son: A que representa la Adenina; G la Guanina, T la Timina y C la Citosina. Estas cuatro letras A, G, T y C, formando pares, se van a combinar de mil maneras, por así decirlo, y van a dar lugar al código genético gracias al cual se almacena información genética de un individuo dado.

Estas sustancias nitrogenadas se "aparean" dentro de la cadena lineal en forma específica: la Adenina siempre se une a la Timina y la Citosina a la Guanina, de tal forma que con la combinación de estas cuatro letras se pueden formar "palabras" de tres letras (codones) que darán lugar a códigos específicos. ¿Por qué este apareamiento determinado? La Adenina y la Guanina se llaman *purinas* y están formadas por dos anillos en los que hay átomos de carbono y nitrógeno. La citosina y la timina se conocen como *pirimidinas* y estás formadas por un solo anillo de átomos de carbono y nitrógeno. Si en el seno de la doble hélice tuvieran que aparearse dos pirimidinas, éstas serían demasiado pequeñas para llenar el espacio libre entre los dos esqueletos o lados verticales de la hélice, que tendrían que aproximarse para asegurar la unión de todos los puntos. Si, por el contrario, se enfrentasen dos purinas, la unión resultaría demasiado grande. Uniendo una pirimidina con una purina, se logra la misma dimensión en todas las uniones, es decir, la distancia entre los dos esqueletos se mantendrá constante, con lo que la estructura de la molécula de ADN será siempre idéntica.

La combinación por pares de estas cuatro letras (codones) codificarán en forma específica a cada uno de los 20 aminoácidos de que están formadas las proteínas y así el lenguaje de la vida podrá construir palabras, programarlas, traducirlas y fabricar dichas proteínas que son el último eslabón en el proceso genético, más o menos de la siguiente forma: Cada unidad estructural de los ácidos nucleicos –guanina, adenina, timina y citosina – representa una "letra" del código; tres letras constituyen una "palabra" y cada palabra representa un solo aminoácido, de forma que una secuencia definida de bases del ADN constituye el código para la secuencia de aminoácidos característica de una proteína determinada. Los genetistas aprendieron a deletrear cada una de las palabras y comprobaron que algunas de las combinaciones de tres letras no eran palabras sino "signos de puntuación" que marcan el principio o el fin de cada mensaje genético.

La información genética cifrada en las secuencias del ADN integra el mensaje para la síntesis de las proteínas, como hemos visto. Las proteínas de un individuo son específicas, por lo que, lógicamente, la información para su síntesis que se encuentra cifrada en el código genético, también debe serlo; en consecuencia, el código genético es específico.

"En los organismos más complicados, la misión del ADN es increíble: a través de miles y miles de divisiones de un óvulo fertilizado original, el ADN debe llevar el control del desarrollo total del individuo. Su actuación empezaría por la diferenciación de células individuales, en las que el ADN sería responsable de la producción y distribución de sus múltiples enzimas: en el momento preciso debe producirse la cantidad correcta de enzimas que deben dirigirse a los lugares adecuados para su acción biológica. Además, las células tienen que estar organizadas en tejidos y éstos integrados en órganos que, asociados, constituyen los aparatos y sistemas del organismo. Una vez que el individuo está formado por completo, el ADN tiene que guiarle hasta el estado adulto y en ese estado tiene que afrontar un periodo de intenso trabajo: producción continua de sangre, sustitución de células, secreción de hormonas, síntesis de enzimas y de todo el conjunto de materiales que mantienen al individuo funcionando" (62)

Lo descrito hasta ahora tan brevemente, no es sino un solo aspecto de la genética que, hasta el momento, sigue avanzando, en especial en el área del genoma humano. Se intenta descubrir todos sus genes, hacer una especie de mapa con ellos, para poderlos identificar. Esto está en proceso, de la misma manera que las investigaciones referentes al determinismo genético en la mente de los asesinos, para poner un ejemplo, o bien, qué influencia genética puede haber en las muchas variaciones de la diversidad sexual.

Tanto el funcionamiento hormonal como la genética me causan admiración, me llevan a preguntarme cómo es posible que los seres vivos sean tan, tan complicados y a la vez tan perfectos en su funcionamiento, a pensar que toda esta maquinaria en movimiento constante, todas esas sustancias químicas interactuando, casi obedeciendo mandatos predeterminados, de una u otra forma, siendo parte del cuerpo, en este caso del humano, por lógica, deben influir en su comportamiento e incluso determinarlo.

Neurofisiología del amor

El niño nace con el cerebro a medio crecer y la mayor parte de sus patrones neuronales evolucionan después del nacimiento. El modo en que se desarrollen depende de lo que ocurra durante sus primeros años.

"El psicofisiólogo Gary Lynch - observa Ackerman – ha descubierto que las situaciones emocionales más hondamente vividas estimulan las células del cerebro más de lo habitual. Entonces, esas neuronas se vuelven sensibles a acontecimientos similares. Cada vez que se repite la experiencia, las neuronas se vuelven más susceptibles (...) A cada repetición de la experiencia una enzima llama a más receptores a estar disponibles en la sinapsis de la célula, lo que, a su vez, permite entrada a más información.

"Y, como indica Anthony Walsh: **La información que se da a los niños respecto a su valía y su capacidad de ser amados durante esos críticos primeros años de su existencia contribuye poderosamente a las posteriores evaluaciones de su utilidad e inutilidad. Un estudio sobre autoestima indicaba que la nutrición paterno-maternal temprana eclipsaba totalmente todos los demás factores analizados en los niveles explícitos de autoestima** (...) Si el amor es tan tremendamente importante en nuestra vida, es necesario que 'las vías del amor' del cerebro estén en buen estado y los buenos sentimientos transiten por ellas durante este periodo. Las vías del amor profundamente marcadas en el cerebro, predispondrán al niño a responder al mundo con interés, confianza y comprensión del otro" (63)

Al nivel adulto, el doctor Santiago Dexeus, director del Departamento de Obstetricia y Ginecología del Instituto Dexeus en Barcelona, España, afirma que **el estado de enamoramiento es el mejor conocido desde el punto de vista fisiológico. En este trance de encantamiento, que fluctúa entre la obsesión y el delirio, algo ocurre en el interior de las personas que no puede ser explicado exclusivamente por las cogniciones y las conductas, sino también por la bioquímica.**

El amor pasional es como una droga pues crea una adicción tal, que la pérdida de este estado ocasiona un desasosiego semejante al síndrome de abstinencia de la cocaína. "Para evitar este déficit, el mismo proceso de enamoramiento provoca una segunda secreción, los llamados opiáceos naturales –las endorfinas, semejantes a la morfina-, que confieren a las parejas una gratísima sensación de paz y tranquilidad" (64)

9 CAUSAS PROFUNDAS: LA SEXUALIDAD

El concepto básico de sexualidad comprende el sexo biológico, el papel sexual social y la identidad sexo genérica psicológica. Por tanto, hablar de sexualidad es hablar del ser humano integral.

"Freud conceptuó el sexo como una poderosa fuerza biológica y psicológica, mientras que Malinowsky subrayó su vertiente sociológica y cultural(...) Por regla general, la palabra 'sexualidad' se emplea con un significado más amplio que el vocablo 'sexo', ya que pretende abarcar todos los planos del ser sexual. Al hablar de sexualidad nos referimos a una dimensión de la personalidad y no exclusivamente, a la aptitud del individuo para generar una respuesta erótica" (66)

Desde el punto de vista humanista, se entiende por sexualidad el proceso bio-fisiológico, psico social, emocional y experiencial de la función erótica y genital. Es decir, el conjunto de lo que sentimos, creemos, pensamos y vivenciamos acerca de nuestra genitalidad y erotismo. El humanismo confirma que la sexualidad es libre, fruto de la decisión de cada persona de relacionarse en la forma que desee y de satisfacerse sin dañar a otros.

Según Álvarez Villar del Instituto Nacional de Psicología Aplicada y Psicotecnia de Madrid, la sexualidad fue originariamente, instintiva, pero en el proceso evolutivo fue pasando a ser un proceso de aculturación: "**La sexualidad humana está desencadenada por una constelación de estímulos de los cuales solo una parte, más o menos amplia, es de tipo anatómico y fisiológico. El resto pertenece al orbe de la cultura y queda siempre un trasfondo antropológico-existencial (...) estamos convencidos de que la sexualidad es, en estos momentos, uno más entre los vectores pulsionales que intervienen en nuestra cultura actual**" (67)

Y añade: "La sexualidad humana es un producto de la pedagogía individual, que a su vez es un puente de transmisión de los valores de una cultura. En otras palabras, la sexualidad es cultura que opera evidentemente sobre un soporte anatómico fisiológico, en que representan un papel muy importante las hormonas sexuales, el sistema nervioso central, el aprendizaje individual y la cultura que influye en las manifestaciones externas de señalizaciones creando, por ejemplo, el gesto y la mímica (...) **Hay una intervención cada vez mayor de la psique consciente sobre la simple cadena de reflejos que, en principio, constituye la conducta sexual**". (68)

La sexualidad de una persona empieza con la conformación del órgano sexual masculino o femenino en el feto y continúa al nacer a través de lo que la madre principalmente, y luego el padre, le trasmiten al bebé.

Como hemos visto, la forma en que la madre lo abraza, lo acaricia, lo trata, irá dando lugar al desarrollo de sensaciones agradables o desagradables las que, posteriormente, se desarrollarán en conceptos y sentimientos provechosos o negativos acerca de su sexualidad.

"Se den cuenta o no, y lo quieran o no, los dos padres empiezan el entrenamiento sexual del lactante desde que nace. Aun cuando los progenitores eviten el discutir acerca del sexo cuando se encuentran con sus hijos, éstos descubren las actitudes de tensión o naturalidad de aquellos, por medio de una "comunicación silenciosa". Algunos de los aspectos cruciales de la educación sexual se enseñan, por tanto, de modo inconsciente (...) además, la manera como el padre o la madre viven su autoestima, y la manera como el padre trate a su madre y a sus hermanos, constituirá la educación sexual temprana" (69)

Además de estar inmersos en sus propios conflictos e ignorancia, los adultos, a menudo, traen consigo una serie de sentimientos de culpabilidad como respuesta a los tabúes y sentimientos de pecado impuestos por la sociedad, además de la ignorancia respecto al sexo. Todo esto les causa ansiedad que es transmitida a sus hijos, con lo cual no se desarrollará en ellos un concepto claro y preciso sobre su sexualidad que la presente como algo sano y totalmente natural.

"Nuestra inadecuada educación sexual ha provocado represión neurótica e inhibición de la expresión sexual normal" (70)

"La sexualidad —continúa- es bastante menos importante de lo que imaginamos. Nos referimos a la sexualidad como vivencia, no como instrumento poderosísimo de reproducción y modificación de las especies. Los instintos más poderosos en toda especie biológica son, en efecto, el de defensa territorial y el de apropiación de alimentos (...) **Podemos afirmar que la sexualidad es uno de los pocos factores que mantiene**

unidos a dos animales de la misma especie, sin que se ataquen y se destruyan". (71)

Según Jeffrey Weeks, el significado de la sexualidad ha cambiado. La sexualidad –afirma – es un fenómeno profundamente social que lleva huellas de historias complicadas, de moralidades impuestas y el juego infinito del poder. Por tanto, debemos colocar nuestras elecciones sobre este tema en un marco político y ético más amplio. **La variedad de posibilidades sexuales de las que el cuerpo humano es heredero, no es, por sí sola, ni buena ni mala. La sexualidad no posee un significado intrínseco porque sus manifestaciones siempre son culturalmente mediadas.**

"Durante largo tiempo encerrada en la historia de la reproducción, ahora flota, en gran medida, fuera de ella, en un proceso que tuvo un fuerte desarrollo mucho antes de que la píldora prometiera, de una vez por todas, una seguridad tecnológica. Sigue evocando imágenes de pecado para muchos, de violencia, particularmente para los niños y las mujeres y tal vez para todos nosotros, de poder. Aún se le asocia con la amenaza de la enfermedad, que trae a la mente la epidemia del VIH (...) Pero en un proceso complejo, sus significados no se han ampliado. Para la mayoría se ha vuelto lo que siempre fue en teoría, polimorfa o 'plástica'. Al menos en principio, las artes eróticas están abiertas para todos nosotros, ya sea por los miles de manuales acerca de los goces del sexo, o por el floreciente mercado de las representaciones sexuales, o por una explosión del discurso en torno al cuerpo y sus placeres.

"La sexualidad se ha vuelto un terreno de experimentación, que se une estrechamente a la cuestión de las relaciones, porque si el compromiso, la intimidad, los nuevos intentos se han vuelto clave en la vida privada moderna, otro tanto sucede con su logro a través de la satisfacción sexual, lo que cada vez más, significa la exploración de lo erótico, según modelos cada vez más exóticos y confusos (...) **La intimidad moderna se vincula muy de cerca con la exploración y satisfacción del deseo sexual".** (72)

Los impulsos sexuales son parte de la sabiduría del organismo humano y como tales, hay que saber escucharlos, hay que saber reivindicar el pleno derecho al placer erótico, algo que ha sido tan negado, condicionado e inclusive, considerado patológico. Con estos mecanismos, se controla la conducta del individuo a través de una serie de normas y sanciones implícitas y explícitas que le impiden desarrollarse sexualmente a plenitud.

Si la sociedad impone que el sexo es malo, pecaminoso, que aún dentro del matrimonio es así y solo es permisible a favor de la reproducción, el individuo siempre se sentirá culpable, siempre tendrá algo que ocultar. Una persona así es vulnerable, insegura, fácil de manipular, pues el sentimiento de culpa lo minimiza, le hace sentir que no vale y, por tanto, que es incapaz de decidir y responsabilizarse por sí mismo. Acepta lo impuesto socialmente y obedece.

"Considerar al sexo como intrínsecamente malo – dice Maslow- es un completo absurdo desde un punto de vista humanista" (73), **ya que es propio de nuestra especie y, por tanto, natural y normal para la calidad de humano.**

Para nuestro estudio, es relevante estudiar todos estos aspectos, sobre todo la manera en que la sexualidad se manifiesta actualmente en nuestra población. Líneas arriba ya se han descrito, en gran parte, muchos de los aspectos biológicos y evolutivos de la sexualidad. De aquí en adelante repasaremos lo concerniente a los psicológicos y sociales.

La represión sexual

¿Por qué acepta la sociedad la represión sexual?: Por temor –se afirma- **a la soledad**, ya que es más aceptable la autodestrucción que tolerar el rechazo de las personas que nos rodean. Maslow le da el nombre se "separatividad". La represión sería, por tanto, un mal necesario para lograr que la sociedad en que vivimos sea cohesionada, armónica y sin desorden. La existencia de la represión permite que los que detentan el poder lo sigan haciendo. Es un medio de control político y económico, muchas veces sustentando en leyes y normas, aunque éstas si son necesarias para mantener el orden.
La represión que vivimos no es innata, no está en los genes. La aprendemos dentro de un proceso que se inicia al nacer, en el seno de la familia y que permanece en el individuo toda su vida.

La sexualidad es el centro de la represión porque es más fácil reprimir esta parte del ser humano que cualquier otra como alimentarse, vestirse, tener habitación, ya que su limitación o anulación no nos conduce inmediatamente a la muerte; no impide que sigamos viviendo. La represión de la sexualidad puede ser entendida en este contexto como un elemento importante para la sumisión al sistema, ya que su aceptación no conlleva ninguna medida brutal y es, por tanto, un aparato ideológico de control social.

Los factores extrínsecos pueden actuar de dos maneras sobre la evolución del erotismo: estimulando o

reprimiendo, es decir, hay estímulos que desencadenan una acción y otros que la frenan. Los primeros van dirigidos a la satisfacción plena y normal de los impulsos sexuales, de la necesidad de ternura, estimación, etc. Los factores de inhibición frenan determinadas manifestaciones de la conducta que no se aceptan en el medio social o familiar.

La censura es extrínseca en un comienzo, pero se convierte en intrínseca por el *proceso de introyección* en el que la autoridad paterna queda interiorizada en la psique infantil con lo que aparece el sentimiento de culpa y vergüenza [auto censura] que puede ser nefasta porque enfatiza la dimensión destructiva del sexo. Por otro lado, sin embargo, gracias a ella, se van conformando en el niño lo que le está permitido socialmente llevar a cabo en el plano sexual. Por ejemplo, aprenderá a rechazar el incesto. "Es un hecho —dice Álvarez Villar- que toda cultura es represiva en el momento en que el proceso de aculturación se inicia desde la infancia" (74)

Las personas que se comportan de acuerdo a ese sistema rígido de valores podrían llamarse "convencionales" o "normales" y las que no actúan como el sistema social exige, serían catalogadas de "diferentes" o "anormales".

La persona puede tener una identidad **social virtual, que** es la serie de características externas que presenta una persona que se ajusta a un modelo convencional. Por ejemplo, si consideramos a un hombre que sabemos es médico, usa corbata y tiene 38 años, podría esperarse que sea casado, católico, heterosexual y básicamente sano.

Su identidad social **real** se refiere a lo que la persona hace y es, independiente de supuestos y fantasías.

Realmente, ese médico podría ser soltero, ateo, homosexual y vivir con el VIH.

Cuando existe una discrepancia entre la identidad social virtual y la real, se produce el **estigma social** que es un señalamiento específico que implica un juicio negativo para quien lo recibe.

El estigma social no es la única consecuencia de la represión sexual. Hay otro elemento resultante del control psicosocial que es la **victimización del yo**, con el consecutivo **sacrificio del sí mismo.**

La persona reprimida sexualmente ha introyectado la noción de ser diferente, y no puede desarrollar a plenitud su sexualidad; se siente tan culpable que oculta aspectos importantes de su personalidad por temor al rechazo del grupo social. Así se manifiesta la victimización del yo y el sacrificio del sí mismo. Vive con una o varias máscaras para ser aceptado, pero jamás expresa su verdadero yo.

La sociedad utiliza la moral para controlar; en su esencia es un elemento impuesto desde afuera del individuo, pero llega a aceptarla como si fuera propia. La moral se refiere a los usos y costumbres aceptables y no cumplir con ellos implica atentar contra preceptos establecidos y recibir por ello sanciones implícitas o explícitas.

Estos medios represivos pueden conducir a la persona a llevar una vida doble, como es el caso de un homosexual que se casa y tiene hijos, para que su imagen social no sea considerada inmoral.

En palabras de W. Reich **"La sexualidad es la energía vital por excelencia. Reprimida equivale a desequilibrar las funciones orgánicas fundamentales"** (75)

Riane Eisler, de forma clara y precisa expresa lo siguiente en relación a la moralidad en las relaciones sexuales: "Parte de nuestra herencia dominadora [del hombre sobre la mujer] es una injusta e insensible moralidad de coerción donde aquellos que tienen el poder y aquellos que no lo tienen están sometidos a reglas muy diferentes.

"En relación al sexo, este doble estándar de la moralidad se justifica a veces, sobre la base de que es natural – ya que las mujeres se pueden embarazar y los hombres no, cobra sentido castigarlas por adulterio. Pero si la idea es prevenir la concepción extraconyugal, el castigo estricto a quienes fecundaron a mujeres con quienes no están casados, lograría el mismo objetivo. Además, también bajo la apariencia de moralidad, en las sociedades dominadoras, igualmente se impide a la mujer tomar la decisión de no tener hijos. En otras palabras, están obligadas a dar a luz, quiéranlo o no. De esta forma, las reglas diseñadas para controlar estrictamente la sexualidad femenina no fueron planeadas para proteger la moralidad, sino la propiedad de los hombres de los servicios sexuales y no sexuales de la mujer, así como de todo niño que engendraban" (76)

Estudiaremos ahora teorías básicas relevantes a este trabajo, de algunos de los principales psicoanalistas que se refirieron a la sexualidad y al comportamiento humano.

10 PSICOANALISTAS Y PSICÓLOGOS

Freud

En el estudio de la sexualidad Freud representa el papel de pionero, ya que antes de él solo se habían realizado estudios de campo de la sexualidad animal. Incluso hasta el día de hoy, se sabe más de la sexualidad de los animales que de la del ser humano, debido a que ellos no están sometidos a ninguna ley de represión, mientras que el hombre sí. "Si el animal no miente, el ser humano procura mentir en el terreno sexual y cuando no miente, inventa" (77)

Descubrió lo que nadie había visto o no había querido ver: que un hijo siente atracción sexual hacia su madre y que el hombre maduro, el que está produciendo el milagro de la revolución tecnológica es, muchas veces, el hombre cuyo inconsciente no logra separarse de la madre.

Su psicoanálisis muestra, además, que el amor platónico, el "amor decente" no existe y que todo es libido [instinto sexual para los psicoanalistas]: Sublimación sexual por un lado y ternura por el otro. Buscando la fuerza básica que motiva las pasiones y los deseos humanos, creyó haberla encontrado en la libido. Destruyó, así mismo, el mito del buen niño o de la inocencia primordial y demostró, por el contrario, que el niño es un "perverso polimorfo". Según él, el hombre nace malo y la sociedad lo hace mejor.

Posteriormente, muchos rechazaron sus teorías, pero nadie le quita el mérito de haber sido el primero en darse cuenta de lo que cualquier padre buen observador hubiera podido y puede ver, es decir, que en el hijo está presente una sexualidad desde el momento cero de la existencia e incluso, podemos decir, desde antes de nacer.

La sexualidad sufre, por un lado, una serie de cambios intrínsecos durante toda la vida, pero especialmente durante los 4 o 5 años primarios, por un simple proceso de sensibilización de diferentes zonas erógenas del cuerpo y, por el otro, existen factores extrínsecos ambientales, concretamente, las relaciones del hijo con la madre y posteriormente el padre. En estas primeras etapas el niño siente un tipo de placer que no es equiparable con el del adulto; más bien podría considerarse como la materia prima de la que va a derivarse, mucho más adelante, el placer auténticamente genital o sexual. Luego sigue una etapa de sexualidad potencial, de los 5 años a la pubertad y finalmente, los procesos anatómicos y fisiológicos implicados en la adolescencia. Sin embargo, actualmente se concluye que esta etapa potencial intermedia es muy rica en actividad erótica y en ella se descubre el sexo. Por lo tanto, esta fase "silenciosa" es mucho más decisiva de lo que podemos suponer a simple vista puesto que implica, entre otras cosas, la desvinculación del hijo o la hija del padre o la madre (del complejo de Edipo y Electra)

"Para Freud —dice Fromm- el hombre es movido por dos impulsos: El ansia de placer sexual y el ansia de destrucción [pulsiones de vida y de muerte] La finalidad de su deseo sexual es la libertad sexual absoluta, es decir, acceso sexual ilimitado a todas las mujeres a quienes encuentre deseables [hay que recordar que sus estudios se centraron, mayormente, en el comportamiento masculino]. **'El hombre descubrió por experiencia que el amor sexual (genital) le proporcionaba su mayor placer, y así se convirtió para él, efectivamente, en prototipo de toda felicidad'**. De esta suerte, se sintió impelido a 'buscar su felicidad cada vez más por la senda de las relaciones sexuales, a hacer del erotismo genital el punto central de su vida (...) La otra finalidad del deseo sexual natural es el deseo incestuoso por la madre, el cual, por su misma naturaleza, crea un conflicto con el padre y la hostilidad hacia él". (78)

Freud señala que la pulsión sexual necesita de un "apoyo", un apuntalamiento para que se pueda manifestar y ese apuntalamiento es una función no sexual; se trata de una función corporal necesaria para la vida: el hambre y la alimentación, es decir, la supervivencia.

Este apuntalamiento se manifiesta, en primera instancia, en la fase oral de succión del pecho, cuya función primaria es alimentarse. La leche es la que cumple con la función primaria de producir satisfacción y no el pecho.

Ese entrar por la boca, por un orificio, vuelve a encontrarse en toda la vida y la boca es a la vez órgano sexual y órgano de función alimenticia.

Así pues, la actividad sexual se apuntala primeramente en una función puesta al servicio de la conservación de la vida y de la que solo se independiza más tarde.

La sexualidad, según el psicoanálisis, se divide desde el comienzo en dos corrientes: primera, la que va a derivar directamente a una conducta sexual y segunda, la que deviene en ternura, estimación. En ocasiones puede predominar una sobre la otra.

Freud afirma que la neurosis procede no tanto de la frustración sexual propiamente dicha, sino especialmente de una frustración de la ternura proveniente, quizás, de haber tenido unos padres fríos de temperamento o de un déficit de protección y cuidados al niño, en una serie de acontecimientos continuos acumulativos que podrían llamarse "micro traumas". Solo en casos muy contados podemos hablar de un trauma sexual propiamente dicho. (79)

"Sin tener presente este doble haz de ternura-sexualidad, apenas nos es posible comprender no solo la dinámica profunda de la conducta humana, sino el mismo pensamiento de Freud" (80)

Freud fue el primero que estudió en forma empírica los impulsos inconscientes y señaló que "No solo lo más bajo sin también lo más alto en el Ego puede ser inconsciente y ser el motivo más poderoso para la acción" (81)

La agresividad del hombre procede de dos fuentes: una, la tendencia innata a la destrucción [pulsión de muerte] y la otra, la frustración de sus deseos instintivos que le impone la civilización. La agresividad es inextirpable. Los hombres competirán siempre entre sí y se atacarán unos a otros, si no por cosas materiales, "sí por ciertas prerrogativas en las relaciones sexuales que tienen que suscitar el rencor más fuerte y la enemistad más violenta entre hombres y mujeres". (82)

La brutalidad, el asesinato y la violencia del ser humano, lo llevaron a reconsiderar su teoría de los instintos. Después de dudar acerca de si los impulsos hostiles y los deseos de muerte formaban parte de la sexualidad, terminó por agrupar tales impulsos bajo la categoría de Tánatos o instinto de muerte.

El concepto de agresión se apoya firmemente en el principio general del equilibrio, de acuerdo al cual la naturaleza tiende a conservar su *status quo* y cuando el equilibrio existente sufre un trastorno, la tendencia es a volver al estado inicial. **En consecuencia, el principio del placer debe entenderse como una tendencia que obra en función de cumplir con la aspiración más general de toda sustancia viva: volver a la quietud.**

A partir de ese momento su teoría de los instintos se basó en la pugna que tiene por finalidad última alcanzar el equilibrio, entre Eros [instinto de vida] y Tantos [instinto de muerte]: la vida termina con la muerte y ésta conduce a una nueva vida; construcción y destrucción inseparables. Morir es el fin inevitable de todo, la consecuencia ineludible del proceso de vivir. Eros es la afirmación de la vida, Tánatos su aniquilación.

Si gracias a esta lucha de Eros y Tánatos tiene lugar la vida, es comprensible que del mismo modo que estamos dotados de instinto de vida, lo estemos del instinto de muerte. **Todos llevamos una dosis de auto destructividad dentro de nosotros.** Esa agresividad también puede dirigirse contra el mundo exterior, como si el ser humano sintiera la necesidad de destruir cosas y personas para no aniquilarse a sí mismo.

En palabras de Freud: "Cuando el comportamiento de un individuo se dirige, bajo el imperio de Tánatos, hacia el mundo de los demás, se convierte en agresivo y malévolo, y difunde la destrucción y la muerte. **Cuando esas fuerzas se dirigen contra uno mismo, entonces, el**

odio de sí mismo y el suicido o aniquilamiento de sí mismo, pueden poner fin a su vida" (83)

En noviembre de 1990, el doctor José Perrés, presentó una ponencia ante el Coloquio a los 60 años del Malestar en la Cultura, titulado *Freud, el psicoanálisis y el sida*, del cual extraeré algunas ideas relevantes al presente estudio.

En varias de sus obras Freud, dentro de la línea antropológica-social, especialmente en *El malestar de la cultura*, se refirió al inevitable antagonismo entre la cultura y la vida pulsional. "Algo curioso y sugestivo –dice Perrés- pasa con esa obra: Cuando la enseñábamos hace diez años, se la percibía como 'muy envejecida' y resultaba difícil transmitir su importancia(...) De pronto, a partir de la presencia cada vez más amenazante del sida, la obra 'rejuvenece', se lee de otra manera, cobrando buena parte de ella una inusitada actualidad". (84).

De esta suerte, Freud expresa que **"El influjo nocivo de la cultura se reduce en lo esencial a la dañina sofocación de la vida sexual de los pueblos (o estratos) de cultura por obra de la moral sexual 'cultural' que en ellos impera"**

El acento parece estar puesto en la abstinencia sexual, en la falta de actividad genital, en la limitación de la posibilidad de relaciones sexuales "normales" aún dentro del matrimonio monógamo, legítimamente constituido, único ámbito donde las mismas estarían "autorizadas" por la moral sexual cultural (siempre y cuando tuvieran por fin la búsqueda de la descendencia)

"Así, buena parte del texto gira en torno a las consecuencias nocivas de la renuncia a la actividad sexual genital, y a la imposibilidad de satisfacción a ese nivel, en especial en el caso de la mujer, para quien no existía tan fácilmente como para el hombre la prerrogativa de una 'doble moral sexual', vale decir, la 'tolerancia' de la sociedad ante la satisfacción sexual obtenida fuera del matrimonio" (85)

En obras posteriores de Freud más bien, expresa que la insatisfacción del deseo, efecto de la Ley, es el motor de la cultura, es decir, la cultura se sostiene sobre la renuncia (y sublimación) necesarias de las pulsiones agresivas y vindicativas: **"una parte de esta represión de lo pulsional es operada por las religiones que inducen al individuo a sacrificar a la divinidad su placer pulsional"** (86)

"El único camino alternativo sería el libre comercio sexual entre la juventud masculina y las muchachas de buena clase social, pero solo se lo podría transitar si existieran medios inocuos para prevenir la concepción". Años más tarde, escribió: "No poseemos por el momento ningún método anticonceptivo que cumpla todos los razonables requisitos, es decir, que sea seguro, cómodo y no menoscabe la sensación de placer en el coito ni lastime la delicadeza de la mujer (...) Quien llene aquella laguna de nuestra técnica médica habrá preservado el goce de la vida para incontables personas y mantenido su salud, al tiempo habrá iniciado una alteración profundísima en los estados de nuestra vida social" (87)

Ante esta circunstancia, el único camino, según la moral sexual cultural de su época, era la prohibición de toda actividad sexual fuera del matrimonio. Ante el sida, esa es precisamente una de las maneras recomendadas por la OMS para evitar el contagio.

"Recientemente, dice Perrés, encuestas realizadas en diversas partes del mundo, muestran a las claras cómo, a partir del agravamiento de la difusión del sida, la fidelidad conyugal se ha convertido en un valor 'en constante alza'...

En especial, teniendo en cuenta que la campaña mundial (...) en cuanto a la necesidad del preservativo, no ha logrado el éxito que se esperaba. Parecería que cerca del 50 por ciento de las personas activas sexualmente no hacen uso de esa precaución" (88)

Jung

Afirmó: en los estratos subconscientes del hombre, tanto sano como enfermo, se encuentran no solo símbolos sexuales (como había propuesto Freud, de quien fue alumno), sino también símbolos que aparecen en culturas y religiones lejanas y desconocidas.

Distingue tres estados en el ser humano: el consciente, el inconsciente personal que es en cierta medida, superficial y que descansa sobre otro más profundo que no se origina en la experiencia y la adquisición personal, sino que es innato, y al que denomina inconsciente colectivo y que sería el tercer estado, de naturaleza universal y cuyos contenidos y modos se presentan en todos los individuos. Al contenido de este inconsciente colectivo lo denomina arquetipo y le da ese nombre porque considera que esos contenidos son arcaicos y aún primitivos. El arquetipo representa, esencialmente, un contenido inconsciente que se convierte en individual cuando la persona toma conciencia de él.

En forma concreta y a manera de ejemplo, al hombre primitivo le costaba mucho comprender su interior, su sí mismo. Para hacerlo comprensible echó mano a los procesos naturales, como el verano o invierno, las fases de la luna, etc. Y las convirtió en expresiones de sí mismo. Es decir, proyecta su alma en los procesos naturales.

El inconsciente causa miedo, porque no lo comprendemos bien. Por eso el hombre considera que el encuentro con sí mismo es desagradable, porque podrá descubrir su propia sombra, la ira, la venganza, el odio en sí mismo, de ahí que lo evite, que evada en tanto pueda proyectar lo negativo de sí mismo sobre el mundo que lo circunda.

Consideró al inconsciente colectivo como depósito de la herencia y de las posibilidades psíquicas de la humanidad: "Es una forma inconsciente irrepresentable y preexistente que parece formar parte de la estructura psíquica heredada" (89)

La existencia de los instintos (o de los arquetipos) no se puede probar y solo los conocemos por medio de sus manifestaciones concretas y específicas.

Los Psicoanalistas Humanistas

Los expertos en el comportamiento humano que citaremos de aquí en adelante, junto con otros autores antropólogos, médicos, etc. se basaron, sin duda, en las valiosas aportaciones de Freud principalmente, pero poco a poco fueron elaborando sus propias teorías, durante los primeros 60 o 70 años del siglo XX, y quedaron agrupados en lo que se ha llamado humanismo, dentro del cual hay varias ramas y como siempre, diversas opiniones. Entre ellos destacaron Maslow, Frankl, Fromm, Rogers, Perls y otros más.

El humanismo es la corriente de pensamiento cuya visión de la vida tiene a la persona como centro, y como enfoque filosófico que es, puede estar presente en muchas áreas del desempeño humano. El humanismo es pluralista y responde a una aceptación total del ser humano con todos sus anhelos y ansiedades, con su dolor, su placer, su odio, envidia y miedo; con sus fantasías y con su sexualidad. Un ser unificado y dueño de correr el riesgo de vivir como complemento ineludible del riesgo a morir; de asumir el riesgo a equivocarse y permitirse recreación con cuanto le sea posible a través de su propio espacio vital. Un ser con el derecho a llevar la vida en el rumbo que le marque su sentir. (Bonavides. Apuntes en clase)

El amor y el impulso primario de fusión

Parte de la estrategia de la supervivencia es el amor, en el cual encontramos componentes biológicos, fisiológicos, psicológicos.

"El amor –dice Ackerman – nos devuelve al tiempo en que nos preocupábamos por muy poca gente, cuando dependíamos por entero de los padres que nos daban todo: comida, calor, atención, afecto, ternura (90)

"Es un hecho biológico. Es la forma que tiene la evolución de asegurarse de que los compañeros sexuales se conozcan y aparejen, que se entreguen al cuidado que su cría necesita para estar sana y buscar su propia unión. Este no es un proceso simple o rápido. El cerebro humano es tan complejo, la mente tan perfecta, que la biología y la experiencia trabajan conjuntamente "(91)

Habría que distinguir entre el amor y su primera etapa o enamoramiento en el que podemos conocer a la pareja en su aspecto "más humano", ya que es ahí donde expresa y canaliza sus sentimientos y afectos más sinceros y profundos. Más allá de tecnicismos, el enamoramiento existe, surge irrefrenable y virtualmente sin control, afecta a la persona que lo vive en todos sus aspectos, le da alegría, tristeza y tensión para, finalmente, trastocarla breve o prolongadamente y convertirlo en un ser nuevo.

La doctora Dorothy Temov en su obra "Love and Limerance" (Ed. Scarborough, Steint Day, New York, 1981) encontró que **cuando una persona está en esa primera**

etapa tiene pérdida relativa de contacto con la realidad, su pensamiento se centra en la persona (intrusión) y hay un deseo constante de estar cerca de ella. Solo desea darle lo mejor de sí; la separación no es tolerable y se cancela la atracción hacia otras personas.

La principal preocupación del individuo es obtener reciprocidad en sus sentimientos y cuando esto se logra se produce una intensa sensación de euforia y plenitud. Se han observado síntomas físicos y manifestaciones orgánicas, tales como aceleración del latido cardíaco, sonrojo, sudoración, cambio de temperatura, trastornos digestivos. Por supuesto, también hay una amplia gama de reacciones psicológicas como distracción, deseo de destacar para atraer al amado y oscilaciones en el estado de ánimo.

La investigación en referencia demostró que el ejercicio sexual y el coito no ocupan un lugar importante como fuente de motivación cuando se está en este estado. En cambio, si se dan las relaciones sexuales pueden ser un punto climático que consolide y exalte ese enamoramiento.

Es importante diferenciar el enamoramiento "agudo" del amor propiamente dicho. **Siendo el enamoramiento un estado especial, una alucinación o estado alterado de conciencia**, muchas veces surgen conflictos cuando se pasa del romántico deslumbramiento inicial, a un estado más objetivo y realista. El amor, en contraste, podría ser visto como una emoción más compleja y constante en la que la dicha del otro ser es esencial para la propia felicidad. (Bonavides, Apuntes en clase)

Para Fromm, psicoanalista alemán, ya citado anteriormente, la conciencia de "separatividad" del ser humano, es decir, de aislamiento, le provoca angustia, lo hace sentir desvalido. **Su problema, en todas las edades y**

culturas, es cómo superar la separatividad y lograr la unión con otro semejante.

Algunas formas de alcanzar tal objetivo son las diversas clases de *estados orgiásticos* que pueden tomar la forma de trances auto inducidos, a veces con la ayuda de drogas, como en muchos rituales de tribus primitivas. En ese estado transitorio de exaltación, el mundo exterior desaparece y con él, el sentimiento de separatividad. En estrecha relación con la solución orgiástica, y frecuentemente unida a ella, está la experiencia sexual. **El orgasmo sexual puede producir un estado similar al provocado por un trance y por los efectos de ciertas drogas.**

En la sociedad occidental moderna, tales estados orgiásticos, que en la primitiva dan lugar a tranquilidad y placer, ocasionan sentimientos de vergüenza y culpa, por la forma en que se imponen en el individuo normas de conducta social, aprobada y exigida por médicos, sacerdotes, profesores o los padres en el hogar. **Por tanto, los individuos atrapados en esa separatividad, en nuestro mundo, tratan de escapar a ella, también por experiencias orgiásticas inducidas por el alcohol, las drogas o el orgasmo sexual, pero cuando tal experiencia concluye, sienten remordimiento que los aísla aún más que antes y así se inicia un círculo vicioso interminable que, en parte, es causa de los muchos casos de neurosis o psicosis que se dan en la actualidad.**

"El deseo de fusión interpersonal es el impulso más poderoso que existe en el hombre. Constituye su pasión más fundamental, la fuerza que sostienen a la raza humana, al clan, a la familia y a la sociedad. La incapacidad para alcanzarlo significa insania o destrucción de sí mismo y de los demás" (92)

Y más adelante: por encima de la necesidad universal existencial de no sentirse solo, surge otra más específica y de orden biológico: "el deseo de unión entre dos polos, masculino y femenino (...) así como fisiológicamente, tanto el hombre como la mujer poseen hormonas del sexo opuesto, así también, en el sentido psicológico, son bisexuales. Llevan en sí mismos el principio de recibir y de penetrar, de la materia y del espíritu. El hombre y la mujer solo logran la unión interior en la unión con su polaridad femenina o masculina. Esa polaridad es la base de toda creatividad" "(93)

Esta idea de fusión está expuesta de manera ejemplar en el texto de Ackerman: "¿Por qué creemos que unir nuestro cuerpo, nuestros pensamientos y nuestro destino a los de otra persona nos curará de nuestro sentimiento de soledad?....**La idea de fusionarse es tan irracional, tan contraria al sentido común y a la evidencia, que sus raíces deben estar profundamente arraigadas en nuestra psique** (...) La única y absoluta unión de dos tiene lugar cuando el bebé permanece suspendido en el vientre de su madre...ligado a ella, sintiendo cómo su sangre y sus hormonas y humores recorren el cuerpo, y sintiendo sus sentimientos. 'Después de esta unión perfecta (...) el nacimiento es una amputación...No estoy diciendo que esto le suceda conscientemente a nadie, pero sí que podría explicar el anhelo osmótico que todos sentimos, en un momento u otro, de mezclar nuestro corazón, nuestro cuerpo y nuestros fluidos con los de otra persona...Cuando finalmente hemos alcanzado el clímax, nos sentimos algo más que una unidad: nos sentimos ilimitados" (94)

¿Podemos separar el amor del deseo sexual? ¿Son dos cosas diferentes? Aparentemente es muy difícil. Según veremos más adelante, ni psicoanalistas ni otros expertos en el área del comportamiento humano, han podido trazar una línea nítida entre ambos. Diane Ackerman, en su libro *Una historia natural del amor,* expresa: "El amor interviene en la mecánica de la vida para mantener su movimiento de generación en generación (...) es la emoción que más resurge en el mundo, que puede arrastrar a uno a las profundidades del infierno y sacarlo fuera otra vez" (95). Y más adelante: "el sexo nos obsesiona, como debe ser, ya que existimos para procrear" (96)

Y Hapgood expresa: "por paradójico que parezca, es imposible tener sexo, llevar a cabo la mezcla de genes, sin un acto (apareamiento) que frecuentemente, precisa de un profundo grado de intimidad, cooperación y vulnerabilidad mutua" (97)

Frankl se pregunta: **"¿En qué medida necesita el amor la pulsión sexual? En la medida en que el amor se vale de lo impulsivo, lo utiliza como medio de expresión, de forma que podría decir que la vida sexual del hombre comienza a ser humana, a ser digna de un ser humano, en el momento en que es vida afectiva"** Una vida afectiva que integre a ambos amantes en uno solo y, añade, "qué pobre sería la vida cuyo sentido consistiera exclusivamente en casarse y tener hijos. Esta opción desvaloriza la vida" (98)

Esta idea, por supuesto, es opuesta a los preceptos de la iglesia católica que solo acepta el coito con fines reproductivos.

Sin ese deseo de integrarse con el otro, de unir ambos Yo, el hombre se reduce a sus pulsiones o instintos. Existen dos causas que pueden hacer fracasar el intento de integración: el desaliento y la decepción. Por desaliento entendemos cuando la persona no se puede imaginar que sea posible construir una relación amorosa feliz y por decepción, cuando el joven intenta establecer una auténtica relación amorosa pero su pareja lo rechaza. Estas personas caen entonces en la estupefacción, en el éxtasis de un placer puramente instintivo, en la simple satisfacción de sus pulsiones, reprimiendo el verdadero amor. Pero luego se llega necesariamente, no solo a la compensación, a un equilibrio, sino a una sobrecompensación por medio de la cual se busca solo la satisfacción de las pulsiones.

"Cuanto más vacío queda su deseo de encontrar un sentido a la vida, más se convierte la satisfacción de las pulsiones en un medio para conseguir un fin, el placer; pero esto no es todo, ya que el placer se ha convertido entonces, a su vez, en un medio para conseguir otro fin, el estupor (**...**) **la libido sexual crece exuberantemente en los casos de vacío existencial**" (99)

En estudios de campo, las respuestas de varios jóvenes sobre qué pasa por sus mentes en el momento de hacer el amor a sus novias, sin protección, de las cuales están profundamente enamorados, es, por un lado, que en ese momento no tenían el condón a la mano, pero, principalmente, que "ni siquiera pensaron en los peligros", ante en intenso deseo sexual. "Por la calentura" me dijo otro. Y otro más, sin embargo, me sorprendió diciéndome que ni siquiera sabe cómo ponerse bien el preservativo, lo cual nos lleva a las campañas de prevención que, en muchos casos, aconsejan el uso de este adminículo, pero no explican o muestran cómo hacerlo. Todo esto me lleva a la famosa frase muy en boga en estos días de "hormona mata a neurona".

Fromm, al igual que Frankl, hace una distinción entre el deseo sexual con amor y la unión orgiástica: "**Si el deseo de unión física no está estimulado por el amor, si el amor** erótico no es a la vez fraterno, jamás conduce a la unión salvo en un sentido orgiástico y transitorio. La atracción sexual crea, por un momento, la ilusión de la unión, pero, sin amor, tal 'unión' deja a los desconocidos tan separados como antes; a veces los hace avergonzarse el uno del otro, o aún odiarse recíprocamente porque cuando la ilusión se desvanece, sienten su separación más agudamente que antes" (100)

La relación sexual sin amor, al menos sin algo de ternura y afecto, conduce a un gran vacío, quizás porque al llevarnos a nuestros instintos más primitivos, nos hace sentir como animales, nos degrada. Quizás como si de golpe, borráramos los miles y miles de siglos de evolución y progreso humano. Sin embargo, aún este tipo de unión nos libera del mundo exterior, aunque sea por un rato, la famosa "relación de una sola noche" que, con tanta frecuencia, desafortunadamente, vemos ahora en las películas, pero que sí se dan en la vida real, incluyendo en nuestro México.

En cuanto a la influencia del amor en el desarrollo del niño, ya hemos visto cómo, en un aspecto biológico y evolucionista, el papel de la madre es diferente al del padre en lo que se refiere al cuidado y atención de los vástagos.

Desde el punto de vista psicológico, también hay una gran diferencia entre uno y otro, que considero es importante señalar, puesto que ejerce gran influencia en la personalidad, en el grado de madurez, en la capacidad de responsabilizarse y tomar la decisión adecuada en un momento dado de la vida del individuo.

"El infante, dice Fromm, necesita el amor incondicional y el cuidado de la madre, tanto fisiológica como psicológicamente. Después de los seis años, el niño comienza a necesitar el amor del padre, su autoridad, su guía. La función de la madre es darle seguridad en la vida; la del padre enseñarle, guiarlo en la solución de los problemas que le plantea la sociedad.

"El amor paterno es condicional. Su principio es 'te amo porque llenas mis aspiraciones, porque cumples con tu deber, porque eres como yo' (...) la obediencia al padre es la principal virtud, la desobediencia el principal pecado, cuyo castigo es la pérdida de ese amor". (101)

Continúa con ideas muy importantes: "En el caso ideal, el amor de la madre no trata de impedir que el niño crezca (...) La madre debe tener fe en la vida y, por ende, no ser exageradamente ansiosa y no contagiar al niño su ansiedad. Querer que el niño se torne independiente y llegue a separarse de ella debe ser parte de su vida. El amor paterno debe regirse por principios y expectaciones: debe ser paciente y tolerante, no amenazador ni autoritario. Debe darle al niño que crece un sentido cada vez mayor de la competencia y, oportunamente, permitirle ser su propia autoridad y dejar de lado la del padre" (102)

¿Es esto posible en la mayoría de los casos? Me temo que no.

Viene a mi memoria un párrafo de Susan Thesenga cuando habla de su hija adolescente: "Y como esta mañana le eché un vistazo a otro libro de Alice Miller sobre el abuso en contra de los niños, estoy agudamente consciente **de lo fácil que es caer en una inconsciente superioridad paterna**, en vez de abrirme a la verdad de que mi hija está luchando por expresarse, por respetar su conciencia de que algo tiene que cambiar entre nosotras y por considerar que juntas podríamos descubrir la manera de mejorar las cosas. **Durante nuestra plática, en realidad nunca se me ocurrió que ella fuera algo más que una compañera inferior**" (103)

Otro planteamiento de qué es el amor lo elaboró Luis Barroso, autor chileno, en su artículo *El amor, un mito peligroso*, en el que expresa su teoría de que la cultura homogeniza el concepto del amor, al cual se le atribuyen cuatro supuestas características:

La espontaneidad se daría solo si lo consideramos como algo superficial. En efecto, el hallazgo amoroso, en muchos casos, más bien podría ser producto de una auténtica búsqueda (inconsciente o no) de alguien que nos complemente, que nos ayude a equilibrar nuestros antagonismos y que nos alivie la soledad.

La idea de perfección tiene por lo menos dos vertientes claras: la ausencia total de problemas y el ideal de eternidad. La experiencia de vida de la gran mayoría de las personas demuestra que ambas cosas son utópicas.

La unilateralidad cae por su propio peso, aunque solamente sea uno el que ame para unir, no necesariamente que la relación perdurará y que crecerá y madurará.

Y, finalmente, **la idea del amor como un hecho extraordinario** corresponde más a una idea introyectada reforzada por el romanticismo. (104)

La satisfacción de los deseos

Para iniciar esta sección, repasaremos el concepto humanista de felicidad íntimamente ligada al placer, según el cual, tanto la felicidad como la infelicidad son algo más que un estado de la mente; son expresiones del organismo entero, de la personalidad total. La felicidad va unida a un aumento de la vitalidad, a la intensidad del sentimiento y del pensamiento y a la productividad (como realización de todos los potenciales del ser humano) Por el contrario, la infelicidad paraliza nuestras funciones psíquicas y aún puede enfermarnos físicamente.

"La felicidad es una adquisición debida a la productividad interior del hombre y no a un don de los dioses (...) El goce y la felicidad no son diferentes en calidad; difieren solamente en cuanto que el goce se refiere a un acto individual, mientras que la felicidad es una experiencia continua o integrada de goce (...) Lo opuesto a la felicidad no es el pesar o el dolor, sino la depresión que resulta de la esterilidad interior y de la improductividad" (105)

Según Freud, la esencia del placer es el alivio de tensiones. El hambre, la sed y la necesidad sexual están arraigadas en las condiciones químicas del organismo. La necesidad fisiológica de satisfacer estas exigencias se percibe subjetivamente como un deseo y si no se satisfacen, surge la tensión que, al lograr ser liberada, dará lugar al placer o, como lo denomina Fromm, a la satisfacción.

Esta satisfacción constituye psicológicamente el placer más común y más fácil de lograr y puede ser también uno de los más intensos si la tensión fue de larga duración e intensidad.

Recordemos a Freud cuando dijo que el hombre descubrió por experiencia que el amor sexual (genital) le proporciona su mayor placer y así se convirtió para él, efectivamente, en prototipo de toda felicidad.

Otro tipo de placer semejante es el que responde a la tensión psíquica. Una persona puede sentir que el deseo emana de una necesidad física cuando en realidad se trata de una necesidad psíquica irracional, como puede ser un apetito sexual exagerado en una persona insegura, que siente una necesidad intensa de probar a sí misma su valer o de mostrárselo a otros; de mostrar a otros lo irresistible que es o de dominarlos "excitándolos" sexualmente. Experimentará apetitos sexuales intensos que si no son satisfechos darán lugar a una fuerte tensión. Esta actitud es el resultado de un mal funcionamiento psíquico.

Todos los demás deseos irracionales que no asumen la forma de necesidades físicas primarias, como podrían ser el deseo de fama, de dominio o de sometimiento; la envidia, los celos, radican también en la estructura del carácter de la persona y emanan de un impedimento o de una distorsión de la personalidad, caen dentro de la categoría de tensiones psíquicas.

Los deseos racionales (hambre, sed, deseo sexual), son fáciles de satisfacer. En cambio, los irracionales son insaciables ya que nacen de una insatisfacción dentro de uno mismo y se originan en la falta de productividad, la impotencia y el temor resultante de ella. "Aún en el caso – dice Fromm- de que el hombre pudiera satisfacer todos sus deseos (...) no por ello cambiaría su miedo y su soledad, persistiendo, por consiguiente, la tensión" (106)

Frankl también menciona este tema, atribuyéndolo al vacío existencial del ser humano de nuestros días, que intenta llenarlo con todo tipo de satisfacciones placenteras: comer en exceso, sexo, lujos, búsqueda de poder, especialmente el que le da el éxito económico, o conformismo, trabajar en demasía, enojo y odio; el individuo puede pasar sus días tratando de destruir lo que cree que lo está lastimando. También puede llenar su vida con ciertos ciclos neuróticos como la obsesión por los microbios y la limpieza. Estos ciclos viciosos se encuentran en lo que él denomina "ansiedad anticipatoria": alguna persona puede tener tanto miedo de tener ciertos síntomas relacionados a la ansiedad que adquirirlos llega a ser inevitable.

Por consiguiente, creemos que el placer derivado de la satisfacción de deseos irracionales podría ser el que más prevalece en nuestra sociedad, ya que la gran mayoría de los individuos sufren de esterilidad interior o improductividad. El deseo sexual irracional prevalece, con su consecuente insaciabilidad.

11 LA FAMILIA Y EL DESARROLLO DE LA PERSONA

Ya hemos visto el papel tan importante que desempeña la madre, principalmente, en el desarrollo biológico, emocional y psíquico normal del individuo. Tarea que ella solo podrá llevar a cabo con felicidad, siempre y cuando se sienta apoyada por el padre o, en ausencia de este, tenga por lo menos toda una infraestructura familiar (de su padre, madre o parientes cercanos) que la apoyen.

La familia es un producto social. En ella se produce el inicio y gran parte de la evolución de los procesos de socialización de la mayoría de las personas. Cumple con el cometido de proteger al niño del mundo, de darle un ambiente seguro donde desarrollarse. Por otro lado, tiene su propio crecimiento, y en su seno, el niño pequeño experimenta los cambios inherentes a la expansión gradual de ese núcleo y las dificultades que ello acarrea. Sin embargo, esa expansión da al niño las primeras oportunidades de socializar (con hermanos, abuelos, tíos); es como un campo de ensayo para su incorporación a la sociedad en general.

Dentro de la familia, por otro lado, los padres influirán a los hijos y éstos a aquellos, en una interrelación continua. De hecho, todos aprenden de todos.

"Para nuestros fines actuales –dice Winnicott – no basta decir que los padres aman a sus hijos; a menudo, realmente, llegan a amarlos, y también experimentan muchos otros sentimientos distintos. Los hijos necesitan algo más de sus padres aparte de su amor; necesitan algo que persista aún en los momentos en que sus padres se enojan con ellos, y también cuando su conducta justifica ese enfado" (107)

Es decir, los hijos deben recibir de los padres amor, disciplina y el establecimiento de límites, que incluso pueden ser negociables, como antesala de los que percibirán cuando salgan al mundo exterior y como requisito del buen desarrollo de su personalidad en su camino hacia la madurez.

"En una sociedad sana - continúa Winnicott – en la que puede florecer la democracia, es necesario que cierta proporción de los individuos hayan alcanzado una integración satisfactoria *en el desarrollo de su propia personalidad (...)* Debe haber un cierto número de individuos sanos como para compensar las personalidades no integradas que no pueden contribuir, pues de otro modo la sociedad degenera..." (108).

Más adelante veremos cómo, según los estudios de Maslow, la proporción de los individuos "sanos" es solo de 1 a 2 por ciento. Ante esto, siento que las ideas de Winnicott acerca de una sociedad sana, son un tanto utópicas.

En el seno de la familia, el niño pasa de la dependencia a la independencia. No se trata de un proceso que se logre en forma tranquila y fácil, pues está complicado por las alternativas de desafío y regreso a la dependencia.

Antes de seguir con las ideas de Winiccott, considero importante hacer notar lo siguiente:

Desde antes de nacer, el feto ya tiene sensaciones (a partir de la décimo segunda semana de gestación). Al nacer, sigue explorando sensaciones y reconociéndose a sí mismo, proceso que continúa hasta que tiene entre dos a tres años. Gradualmente, esas sensaciones van identificándose como sentimientos auténticos de gusto, agrado, desagrado, placer, enojo. Es, por tanto, en esta primera etapa, en la que el niño puede sufrir la anulación de sus sentimientos auténticos, en que aprende a reprimir sus sensaciones verdaderas si percibe que los padres no lo aprueban. Para él, que no conoce otro mundo, todo se centra alrededor de los padres y si percibe de ellos que no es amado de manera perfecta, siente un miedo profundo a ser abandonado y empieza a sentir que si no lo aman es porque él es malo.

La sociedad, representada primero por los padres, coarta su evolución normal, al imponerle los "debes o tienes que", introspecciones rígidas que los llevan al miedo y aún a la parálisis. Para sobrevivir, para lograr ser aceptado plenamente, reprime su verdadero yo, adopta una máscara que sea agradable a los padres y de ahí la sigue portando toda su vida, pero su verdadera personalidad queda desensibilizada. (109)

El niño que fuimos, y que se enfrentó a alguna decepción o dolor, en opinión de Susan Thesenga, hizo ciertas generalizaciones de la vida a partir de experiencias personales, generalizaciones que van convirtiéndose en patrones negativos a loa que nos hacemos adictos y que nos es muy difícil descartar, pues preferimos quedarnos con lo conocido ("miedo al conocimiento" de Maslow). En cualquier vida humana, los dolores de la infancia por pérdida, rechazo, abandono o invasión, son un cúmulo de sentimientos que se van cubriendo con nuestras defensas de hostilidad y retraimiento, de sadismo y masoquismo.

Esos patrones adictivos son el orgullo, el voluntarismo y el miedo. El primero nos dice que somos mejores que los demás, el segundo que debemos obtener lo que deseamos cuando queremos, justificando con ello nuestro egoísmo y nuestra falta de respeto hacia los derechos de los otros. Y el miedo nos dice que debemos protegernos, de manera que cualquier cosa que hagamos para defendernos tiene su justificación. (110)

A mi entender, estas serían causas profundas de la discriminación de todo tipo, y la discriminación puede ser también un elemento más en la lista de causas profundas del VIH y muchas otras manifestaciones de nuestra sociedad desequilibrada. El discriminador se siente superior al otro, quiere obtener a toda costa lo que desea y tiene miedo de conocer al otro, porque si lo conoce tiene que responsabilizarse de sus actos. A mi entender, en toda discriminación agresiva, hay cierto grado de sadismo...El discriminador no respeta los derechos de otros y solo piensa en sí mismo. ¡Y cuantos discriminadores hay en el mundo!

Creo que es importante hacer notar que de acuerdo a las investigaciones hechas por el doctor Peter A. Levine, todos esos sentimientos de abandono, pérdida, rechazo o invasión mencionados líneas arriba, se clasifican ya como traumas, por más insignificantes que parezcan ser, aunque tradicionalmente, se consideraba al trauma como un acontecimiento de gran magnitud en la vida de una persona, tal como un accidente automovilístico, una violación, una guerra.

La persona que sufre un trauma (y quizás somos todos en algún momento de nuestra vida) es incapaz de superar la ansiedad de su experiencia. Permanece abrumada y aterrorizada por el incidente. Queda virtualmente cautiva de su miedo, le resulta imposible reengancharse a la vida y puede permanecer así por años (con síntomas latentes que se acumulan durante años o incluso décadas), sin saber siquiera cual es el origen de esa situación mental específica. De esta forma, puede sufrir de depresiones, ataques de ansiedad, apatía, insomnio, falta de sinceridad, violentos ataques de cólera infundado y comportamientos destructivos repetitivos. (111)

Y volviendo a Winnicott, "Observamos dos tendencias: Una, es la propensión del individuo a alejarse de la madre, luego del padre y de la madre; más tarde de toda la familia. Pasos que le van dando más libertad de ideas y de acción; la otra tendencia obra en sentido contrario y es la necesidad de conservar o de ser capaz de recuperar la relación con los padres (...) y por extensión a la madre, al centro o comienzo, en algún momento favorable" (112)

Este alejarse y regresar solo lo logrará aquel individuo que sea sano psicológicamente, es decir, que haya logrado madurar en el seno de la familia, que haya tenido unos padres que, a su vez, hayan sido maduros como para dejarlo convertirse en persona individual, con sus propias ideas y creencias.

"Así - finaliza - existen dos rasgos principales que (...) constituyen la contribución de la familia a la madurez emocional del individuo: uno, es la existencia sostenida de oportunidad para un alto grado de dependencia; otro, el hecho de ofrecer la ocasión para que el individuo se separe violentamente de los padres e ingrese al resto de la familia, que pase de ésta a la unidad social que está inmediatamente fuera de ella, y de esa unidad social pase a otro, y luego a otros" (113)

Los padres pueden ser autoritarios, permisivos o democráticos (según el ideal de Winnicott).

Opina que estamos acostumbrados a pensar que el término autoritarismo se refiere a las actitudes de las instituciones civiles y religiosas, sin embargo, la autoridad paterna y la forma en que los niños reaccionan ante ella, se revela como un proceso decisivo en la formación del carácter que incluso puede llevar a la neurosis, ya que de la experiencia de no complacer a nuestros padres pueden emanar sutiles sentimientos de culpabilidad.

En otras ocasiones surge el temor de haber defraudado las esperanzas de los progenitores y esto es de suma importancia porque se refiere a uno de los elementos más decisivos de la actitud de los padres en la familia autoritaria [en general, la de nuestra sociedad, dicho sea de paso] "la convicción de que los hijos son traídos al mundo para satisfacer a sus padres y compensarlos por los reveses de su propia existencia continúa teniendo amplia difusión en nuestro tiempo, a pesar de la gran diferencia entre el padre moderno y el *pater familias* remoto, cuya familia era su propiedad exclusiva" (114)

Aún en nuestra cultura aparentemente democrática y no autoritaria, sucede este fenómeno. Si los padres no han tenido éxito, son los hijos quienes deben de triunfar y de ese modo les dan una satisfacción compensadora. "Si no se sienten amados (particularmente si los padres no se aman entre sí), los hijos deben reemplazar esa falta de amor; si se sienten impotentes en su vida social, quieren tener la satisfacción de dominar y controlar a sus hijos (...) Los padres dominantes quieren que sus hijos sean iguales a ellos en el temperamento y en el carácter. El padre colérico, por ejemplo, no simpatiza con el hijo flemático; el interesado en cosas prácticas se siente contrariado con un hijo que se interesa por ideas y especulaciones teóricas..." (115)

El hijo, ante estas circunstancias, se siente fracasado y esto le crea un sentimiento de culpa, puesto que tiene la creencia que debe igualar al padre; pero al intentar de liberarse de estas nociones y querer ser "él mismo", se siente intensamente agobiado por la carga de la culpabilidad de este delito y, por tanto, se derrumba antes de alcanzar su independencia psíquica y emocional.

En esos casos familiares surge el complejo patriarcal y el matriarcal. Del primero podemos decir, que sus aspectos positivos son: Razón, disciplina, conciencia e individualismo. Los aspectos negativos son: jerarquía, opresión, desigualdad y sumisión [que ya veremos son causa mayor de estrés, según los estudios de Wilkinson] Del segundo, surge una voz que nos dice que amemos y perdonemos a los demás y a nosotros mismos: el amor incondicional.

Ambos tipos de conciencia están influidos originariamente por las figuras del padre y de la madre, pero en el proceso de maduración la conciencia se hace más independiente.

"Nos convertimos, por así decirlo, en nuestro propio padre y nuestra propia madre, y nos convertimos también en nuestro propio hijo. El padre que llevamos dentro, [por introyección de la figura paterna] nos dice 'debes hacer esto' y 'no debes hacer aquello'(...) la madre nos dice 'hagas lo que hagas eres mi hijo, te amo y te perdono'...**Las voces del padre y de la madre hablan idiomas diferentes...La contradicción entre el principio del deber y el principio del amor, entre la conciencia paterna y la materna, es una contradicción inherente a la existencia humana, y hay que aceptar los dos términos de la contradicción"** (116)

En cuanto a la sexualidad: "El método más efectivo para debilitar la voluntad del niño es provocar sus sentimientos de culpabilidad. Esto se logra en edad temprana, haciendo sentir al niño que los impulsos sexuales y sus manifestaciones precoces son 'malas'. Como el niño no puede evitar tener esos impulsos, resulta difícil que este método de provocar sentimientos de culpabilidad fracase. Una vez que los padres y la sociedad que ellos representan han logrado que la asociación entre sexo y culpabilidad sea permanente, los sentimientos de culpabilidad se producen en el mismo grado y con la misma constancia con que se presentan los impulsos sexuales" (117)

El vínculo con la madre es la forma más elemental de todos los arraigos, la primera, la que simbolizará a otros. La sensación de arraigo y de pertenencia es esencial para el ser humano, por eso, después de la madre, es la familia la que va a satisfacer esa necesidad. La familia y el clan —dice Fromm, después seguirán el estado y la iglesia, asumiendo todas ellas la función que la madre individual desempeñó originariamente para el niño (118)

Por ello, la familia funcional dará raíces, una base sólida de la cual partir, de la cual poder desprenderse en forma madura a medida que el individuo avanza de la niñez a la adolescencia y, finalmente, al estado adulto. También, por lo mismo, la familia disfuncional, que es la que predomina en nuestros días, coartará todas las funciones que lo conduzcan a una vida madura, creativa, de auto estima y autosuficiencia.

"La familia puede considerarse como *la agencia psíquica de la sociedad*, como la organización que tiene por misión transmitir las exigencias de la sociedad al niño en crecimiento (...) y cumple esa misión de dos maneras: Primero, y este es el factor más importante, por la influencia que el carácter de los padres tiene en la formación del carácter del niño (...) El amor y la felicidad de los padres se comunican al niño, lo mismo que su ansiedad y sus hostilidades..[Segundo] los métodos de educar a los niños, habituales en una cultura, realizan la función de moldear su carácter en una dirección socialmente deseable "(119)

Podríamos resumir todo lo anterior diciendo que las funciones de la familia son: A) establecer normas idóneas para vivir en el sistema social. B) Proporcionar el escenario idóneo que capacite a la persona en todo género de circunstancias especiales en su manera de conducirse, sus reglas, obligaciones y limitaciones. C) Crear en sus miembros una actitud permanente de sumisión ante la sociedad. D) Reproducción biológica como manera de preservación del género humano. E) Reproducción social de ideologías, sistemas de valores y estilos de comportamiento, incluyendo el campo de las conductas sexuales.

Los miembros de una familia están unidos por lazos legales, derechos y obligaciones morales, religiosas, económicas, etc. Sobre todo, existe una intrincada red de prohibiciones, obligaciones y derechos sexuales a la que se agrega una cantidad variable y diversa de sentimientos como amor, agradecimiento, respeto, temor, etc. (120)

La crisis de la adolescencia

Para empezar, hay que hacer notar, que la llamada crisis de la adolescencia es real y normal, dentro del proceso de la búsqueda de la identidad del individuo. Así mismo, es importante plasmar en el papel que los adultos no carecen de sus propias crisis, muy frecuentes en nuestros días y que ellas influirán en las crisis de sus hijos adolescentes. Además, no hay que olvidar que el medio familiar puede estar lleno de carencias que, a su vez, afectan el desarrollo del joven.

En la mayoría de los casos, los adolescentes se oponen a los padres y por extensión a los adultos, las autoridades y la sociedad en general, con todas las variantes posibles. Hay que aceptar esta etapa tal como es, saberla acompañar y comprender, más no combatir, que es lo que se lleva a cabo en muchísimos hogares. El adolescente se torna en una amenaza, fuente de inmensa preocupación y, por tanto, da lugar a cierto grado de resentimiento por parte de los padres. La frase trillada de que los adolescentes son incomprendidos, no está lejos de ser una verdad.

"Hoy, los adolescentes están terriblemente atrapados. A un muchacho se le dice: 'Seguirás estudios, llegarás a doctorarte y luego, harás lo que quieras'. Ciertamente, esto es lanzarlo por un tobogán en el que se romperá la crisma" (121)

"Los adolescentes 'en crisis' —añade - tienen en común lo siguiente: una intransigencia moral (aun cuando sean delincuentes) que los lleva a rechazar todo compromiso y a aferrarse sin cesar a 'la verdad', es decir, a denunciar la falsedad del mundo de las personas adultas. Este comportamiento íntegro, sin concesión alguna, se afirma en la forma de un desafío permanente al adulto quien se encuentra de continuo recusado en su autoridad y en sus valores morales. El adolescente le opone su moral hecha de violencia, de generosidad (...) y de una gran dependencia respecto del adulto amado y rechazado (...) Si el adulto no soporta que lo recuse y opone su autoridad a la violencia del adolescente, la respuesta de este será un a incomprensión y una violencia redobladas" (122)

"El repudio de la familia y de sus valores –o por lo menos el distanciamiento del adolescente respecto del medio de la generación parental- es, probablemente, una etapa necesaria en la constitución del sujeto autónomo. El paso al trato con compañeros de la misma edad ofrece un punto de apoyo de carácter a la vez biológico (la familia es, también, un medio biológico), crítico y cultural. Pero al desalinearse de la familia, el joven tiende a alienarse en el grupo y esta nueva alineación puede ir muy lejos. En efecto, la sociedad de compañeros de la misma edad es algo extremadamente ambiguo y en ciertos aspectos, extremadamente temible" (123)

Estos jóvenes encuentran en casa una tendencia casi generalizada a ser descalificados, criticados y rechazados por los padres quienes, de este modo, mantienen la autoridad. Y viceversa; el poder de la protesta crece en los hijos por la sistemática devaluación de los comportamientos paternos.

"El no ser aceptado como es –dice Giuseppe Amara – origina un grave menoscabo a los procesos fundamentales de confianza, seguridad, concentración y autoestima" (124)

El padre deja interponer su orgullo eternamente, y descalifica el hijo, quien se empeña en ser convalidado. "El padre no sabe –añade- o no tiene la menor idea de cómo debería ser el hijo, aunque no cesa de exigir que, para poder aceptarlo, el joven tiene que dejar de ser lo que es. Por esta indefinición, el padre suele declararse impotente de poder ayudarlo. El hijo, por su parte, no comprende claramente cómo es, y menos cómo debería ser según el deseo paterno, porque ese deseo no se basa en ningún modelo. Entonces el hijo no sabe qué cambiar. Todo su esfuerzo se dirige a oponerse al padre, a contradecirlo siempre en términos de apariencia, porque el duelo arrogante que se entabla no tiene nada que ver con un modelo definido de ser, sino que es persistentemente alimentado por la interacción en sí misma y ésta, cuando es conflictiva, atrae y liga tanto como el amor" (125)

Masters, en su libro *La sexualidad humana*, describe la crisis con las siguientes palabras: **"Las preocupaciones por la apariencia física de los adolescentes parecen aumentadas hasta proporciones que exceden la realidad, debido, en parte a que aún no tienen un sentido claro de su identidad como persona, así que, para él o la adolescente, "el aspecto que tengo" y "como me ven los demás" equivale, muy poderosamente, a "quién soy yo". Otro motivo es que la mayoría de ellos, no han desarrollado aún un amplio sentido de autoestima, se basan en sus logros, características personales y relación con lo demás para contrarrestar la percepción de su propia falta de atractivo.**

"La búsqueda de identidad es más difícil para los adolescentes a causa de una cantidad de barreras potenciales que incluyen las expectativas de rígidos roles (estereotipos culturales acerca de los rasgos y comportamiento apropiado en hombres y mujeres) y el problema resultante de ello: La orientación sexual...En gran parte, el comportamiento sexual de la primera mitad de la adolescencia está motivado por las

**expectativas respecto a la conducta de género apropiada
y el deseo afín de ser aceptado por parte de los
compañeros de la misma edad, más que por un
verdadero deseo sexual".**

Además, añade: "Las antiguas y rígidas reglas de rol de
género que diferenciaban lo que constituía un
comportamiento sexual aceptable para hombres y
mujeres, han sufrido cambios enormes durante los últimos
30 años (...) **Sigue siendo cierto que el sexo es,
generalmente, visto como una forma de 'triunfo' o
'conquista' por parte de los adolescentes varones,
mientras que para las chicas parece ser más importante
como una forma de obtener afecto, atención e intimidad"**
(126)

**"En su ansia por liberarse de los adultos, algunos
adolescentes ven en el sexo un medio de demostrar su
aptitud para tomar decisiones propias y de dar cara a la
escala de valores de la otra generación. Pero la conquista
de esa libertad no es tarea fácil, ya que los adolescentes
adquieren, de un modo u otro, un considerable legado
sexual de sus mayores (...) en el que se incluyen roles de
género y un intenso sentimiento de culpabilidad sexual.**

"Entre la niñez y el estado adulto, se espera de ellos
que se comporten con madurez en muchos terrenos, pero
por lo general, esta actitud no se extiende al
comportamiento sexual" (127), [lo cual lleva a los adultos a
establecer restricciones en este aspecto, a darle
información deficiente o inadecuada y a no tratar el sexo
con naturalidad]

"Se ve a los jóvenes buscar una forma de
identificación que los sostenga en su lucha, la *lucha por
sentirse reales*, por establecer una identidad personal, por
no asumir el rol asignado, **y por vivir y experimentar todo
lo que sea necesario**. No saben en qué han de convertirse

ni qué son; están a la espera. Puesto que todo está en suspenso, se sienten irreales, y eso los mueve a hacer ciertas cosas que para ellos son reales y que, de hecho, son evidente y lamentablemente reales en la medida en que representan un ataque a la sociedad" (128)

Entiendo que es una etapa de intentar desapegarse de la madre y del padre, pero a la vez es cuando más se les necesita, pues ante ellos se extiende el camino misterioso hacia la adultez con todas las responsabilidades abrumantes que conlleva.

Es también un periodo en que el chico toma conciencia de las incongruencias y dobles mensajes que existen en su hogar, ante lo cual se rebela, pues lo desconcierta y hace que se sienta más inseguro aún.

Se rebela contra esta estira y afloje en su interior, ese desear quedarse a la vez de desear alejarse que lo desconcierta. Ante esta disyuntiva se encuentra solo, aislado, y recurre a la unión extrema con los jóvenes de su edad que sabrán comprenderlo, pues ellos también viven la misma crisis.

En sus momentos de afianzarse a su recién vislumbrada independencia y en respuesta a las muchas hormonas en ebullición que recorren su organismo en despertar, busca el sexo como un desahogo a sus inquietudes tanto biológicas como psíquicas y espirituales. Para acallar su angustia interna, no hay nada mejor que el éxtasis del acercamiento íntimo, o las drogas y el alcohol.

A la vez, si los padres y la autoridad han dicho que las relaciones sexuales son pecaminosas, por un lado, o bien, naturales pero que hay que llevarlas a cabo con responsabilidad y protección, bastan estos mandatos para que no se lleven a cabo dentro de su propia rebeldía. Además, en el momento preciso del acto sexual... "las hormonas pueden más que las neuronas" y "a mí no me puede pasar".

Líneas arriba hemos visto la postura de Fromm en cuanto a la influencia que ejerce la familia en el niño. Añadiremos otras de sus ideas apropiadas a esta sección. Así afirma: "La reacción natural del niño a la presión de la autoridad de los padres es la rebelión (...) En tanto que la autoridad social y paterna tienden a quebrantar su voluntad, espontaneidad e independencia, el niño, no habiendo nacido para ser quebrantado, lucha contra la autoridad representada por sus padres; no lucha solamente para liberarse de *la presión*, sino también por su libertad para ser él mismo un ser humano completo y no autómata"
"Las cicatrices dejadas en el niño por la derrota en su lucha contra la autoridad irracional se encuentran en la base de toda neurosis" (129)

Los adolescentes están afectados por el desequilibrio y la tensión de sus propios cambios fisiológicos y psicológicos. Podría explicarse la adolescencia como una etapa de angustia, motivada por la necesidad de sublimación de los impulsos sexuales y la sensación de pérdida que se deriva de la situación de independencia y de rebelión frente a la familia, para reafirmar el propio yo y crear un sistema de valores y normas adecuado a un estilo personal de ser.

Pero implica también asumir que el adolescente ha de ir incorporando sus propias transformaciones a la personalidad mediante procesos de interiorización de las normas, de la imagen de sí mismo y de su contacto con la realidad, todo lo cual irá moldeando su carácter y su propia individualización, y le hará más consciente de sus recursos de adaptación frente a sus desajustes y conflictos.

A esto se podría añadir las contradicciones y ambigüedades entre ideología y acción diaria en el seno de la familia, que se convierten en factores cotidianos que hacen que los adolescentes estén a la deriva en lo que se refiere a su propia identidad. (130)

La individualidad y el sentimiento de identidad

Una de las necesidades secundarias o de desarrollo del ser humano, como Maslow las llama, es tener una identidad e individualidad propias; son tan vitales e imperativas que no podría estar sano si no encontrara el modo de satisfacerlas.

El sentimiento de identidad se va desarrollando en el proceso de desvincularse de la madre, en primer lugar, luego del padre y de la familia, de los "vínculos primarios", como hemos visto.

"El niño, dice Fromm, que aún se siente identificado con la madre, todavía no puede decir 'yo', ni lo necesita para nada. Únicamente después de concebir al mundo exterior como cosa separada e independiente de sí mismo, adquiere la conciencia de sí como ser diferente" (131)

"La cultura occidental —continúa — se desarrolló en el sentido de crear las bases del sentimiento pleno de la individualidad [como veremos más adelante] emancipando al individuo política y económicamente, enseñándole a pensar por sí mismo y liberándolo de toda presión autoritaria, podría esperarse que le capacitara también para sentirse 'yo'. Para la mayoría, el individualismo no fue más que una fachada tras la cual se ocultaba el fracaso en la adquisición de un sentimiento individual de identidad.

"Se buscaron y se encontraron muchos sustitutos del verdadero sentimiento individual de identidad. La nación, la religión, la clase y la ocupación sirven para proporcionar un sentimiento de identidad: 'soy estadounidense', 'soy protestante', 'soy un hombre de negocios', son fórmulas que lo ayudan.

"La necesidad de experimentar un sentimiento de identidad nace de la condición misma de la existencia humana y es fuente de los impulsos más intensos. **Puesto que no puedo estar sano sin el sentimiento del 'yo', me siento impulsado a hacer cualquier cosa para adquirirlo"** (132)

12 LOS JOVENES DE HOY

Apatía: Eso es lo primero que al menos, para mí, salta a la vista, en general, cuando veo a los jóvenes. ¿Recuerdan a la alumna de la Facultad de Arquitectura del Politécnico Nacional que me dijo "La vida no nos ofrece nada"?

A continuación, citaré algunos pasajes, del suplemento universitario del periódico Unión de Morelos, Año 6, N° 240, del 1° de septiembre 2003:

"Tristeza, desesperación y una gran desesperanza envuelven el ánimo de cientos de jóvenes que no quedaron en ninguna de las opciones para continuar sus estudios al nivel bachillerato y licenciatura.

"La psicóloga Alejandra Reyes considera que es probable que el hecho de no haber obtenido un lugar en las diversas instituciones (...) fue la gota que derramó el vaso. [Dos chicas que se suicidaron] Debieron estar muy deprimidas.

"En entrevista explicó que la depresión en los jóvenes de entre 12 y 22 años 'es normal'. Justificó que 'todo adolescente está deprimido porque tiene una serie de cambios, tanto emocional como psicológicos y físicos' y en decisiones como el suicidio pueden repercutir muchos factores.

"El joven que se encuentra en esta situación es altamente negativo, irritable, se encuentra con muchos problemas ante la autoridad, no tiene ganas de hacer nada. Muchas veces, incluso, pierde el apetito o no duerme bien o duerme mucho.

El suicidio ha cobrado fuerza en los últimos años debido a la desintegración familiar, a los problemas sociales y económicos en que viven." (133).

De nuestro peculio agregamos que en México no hay oportunidades para los jóvenes, pues a nivel gubernamental no se ha hecho un programa integral que los tome en cuenta y los incluya dentro del mecanismo de la economía del país.

La joven Angélica Guerrero, en su artículo titulado <u>Del ideal social a la apatía comunitaria</u>, en el mismo suplemento, escribe en el mismo suplemento:

"Mucho oímos que los jóvenes de hoy son apáticos. Maestros, padres y familiares se empeñan en etiquetarlos, sin percatarse de que eso es lo que recibimos de nuestra sociedad: confort, acceso a infinidad de datos y desprecio a la humanidad enfrascada en un mundo capitalista y, por tanto, consumista.

"En la juventud (...) es cuando empiezan a despuntar los ideales que casi siempre impulsarán el resto de la existencia individual (...) los jóvenes de hoy ya no son revolucionarios: presentan más bien un conformismo crítico y un consumo desbocado.

"Siguen presentes, sin embargo, la resistencia a integrarse a un tipo de sociedad que consideran ajena y el individualismo que les lleva a desconfiar de la presunta capacidad de acogida de una sociedad cuya dureza materialista les desagrada profundamente. (134)

En el informe del Fondo de Población de las Naciones Unidas se revela que la propagación del VIH/sida entre los jóvenes es una "catástrofe global". El VIH/sida se ha transformado en una enfermedad de los jóvenes. Las personas entre 15 y 24 años de edad constituyen aproximadamente los cinco millones de nuevos casos (registrados) que cada año se agregan a las infecciones de VIH en todo el mundo. **Un joven es infectado con el virus cada 14 segundos.**

Según ese reporte, la pobreza es un factor en la propagación del VIH. El 87 por ciento de los jóvenes del mundo viven en países en desarrollo y uno de cada cuatro viven en la extrema pobreza, sobreviviendo con menos de un dólar al día.

La Organización Mundial de la salud afirma que el 50 por ciento de las nuevas infecciones en el mundo se transmite a adolescentes (unas 7 mil personas al día es la escalofriante cifra que maneja la OMS).

La mayoría de los jóvenes seropositivos desconocen que lo son, e igualmente desconocen el estado de sus compañeros sexuales.

La voluntad

El ejercicio de la voluntad es indispensable para la realización de cualquier cambio en la vida del ser humano, pues con ella tendrá conciencia de sí mismo y libertad para tomar decisiones. Sin la absoluta voluntad de realizar un cambio definitivo en la propia vida, no obstante, no es posible llevarlo a cabo, y esa voluntad no se dará si el individuo no se tiene amor a sí mismo y se hace dueño de sus decisiones, es decir, se apodera de su vida.

¿Qué le impediría tener esa voluntad absoluta?

Si el individuo niega o rechaza sus impulsos, sus propiedades existenciales o su esencia trascendental, es él quien lo hace; es su propia responsabilidad. Si, por ejemplo, rechaza o reprime su pasado, no es porque haya sido doloroso, sino porque él no acepta el sufrimiento como parte de la vida y esto, depende de él. Esta negación se manifiesta en la voluntad y en la conciencia y desde este punto de vista el individuo no sano [según los términos de Maslow] es aquel que sabe acerca de sí mismo y de su voluntad, pero que no desea tomar conciencia de ese conocimiento. La negación del conocimiento, lo ayuda a escapar de su responsabilidad. El ejercicio de la voluntad es privado, libre, individual.

La tendencia del ser humano, opina Maslow, es hacia la autorrealización, como lo es también del universo entero; es una fuerza tan poderosa que puede considerarse la ley natural básica del cosmos. Para impedir esa autorrealización, el ser humano utiliza su voluntad que transforma en fuerza contraria. ¿Por qué quiere reprimirla?: Porque la autorrealización implica, paradójicamente, autodestrucción. **Es un proceso de cambio continuo que deja atrás lo conocido para entrar en lo desconocido y lo que no nos es familiar, nos da miedo. Así, la creación continua es simultáneamente, destrucción perpetua. Duelo infinito.**

"La voluntad es la agencia mental que transforma la conciencia y el conocimiento en acción, el puente entre el deseo y el acto" (135)

El futuro

Maslow afirma que "el futuro existe, de hecho, en la persona, bajo la forma de ideales, esperanzas, deberes, tareas, planes, objetivos, potencialidades no realizadas, misión, destino, etc. **Aquel para quien no hay futuro, se ve reducido a lo concreto, a la desesperanza, al vacío.** Para él, el tiempo debe ser 'llenado' sin fin. Cuando se pierde, ese esfuerzo en pro de un objetivo, usual organizador de toda actividad, deja a la persona desorganizada y sin integración" (136)

Además, ante su futuro incierto, misterioso, el individuo toma lo que está próximo y que es real para él: la relación sexual o la droga; el mañana, no se conoce, el mañana quién sabe. Hoy, disfruto. "Utilizamos tretas –añade- para evitar la ansiedad que produce la novedad absoluta, intentando convencernos a nosotros mismos que el futuro será semejante al pasado" (137)

Víctor Frankl se refiere al futuro de la manera siguiente: "El hombre tiene la peculiaridad de que no puede vivir si no mira al futuro (...) Y esto constituye su salvación en los momentos más difíciles de su existencia...El prisionero que perdía la fe en el futuro –en su futuro- estaba condenado. **Con la pérdida de la fe en el futuro, perdía así mismo, su sostén espiritual; se abandonaba y decaía y se convertía en el sujeto del aniquilamiento físico y mental"** (138)

Viene a mi mente la respuesta de la alumna del politécnico: "A nosotros los jóvenes no nos importa morir, pues ¿qué nos ofrece el futuro?" ...Parafraseando a Frankl: "se abandona, decae y se convierte en el sujeto de aniquilamiento físico y mental".

El ser humano desde el punto de vista del humanismo

Abraham Maslow, es uno de los fundadores de la psicología humanista; propuso la teoría de la jerarquía de las necesidades en la que considera que el ser humano tiene una serie de necesidades básicas de las cuales la principal es la alimentación (para el ser humano que está extremada y peligrosamente hambriento, no existen otros intereses sino la comida, como lo experimentó en persona el psicoanalista Víctor Frankl en los campos de concentración alemanes), seguido de la seguridad y otras más, entre las que destaca la necesidad de amor, unido a la relación sexual. (Los hambrientos del mundo, por tanto, carecen de fuerza o de interés para hacer otra cosa que no sea buscar su misérrimo alimento)

Seguidamente, se encuentran las necesidades de estima, divididas en dos terrenos: el primero se refiere a los logros personales, la independencia y la libertad, bases de la autoestima. El segundo, el de la reputación o prestigio (o estima de los otros) (139)

Una vez que estas necesidades son satisfechas, empiezan a surgir otras que él llama de desarrollo, como son la creatividad, cumplimiento del destino o vocación, etc., que llevarán al individuo al conocimiento del Ser, de sí mismo y a madurar para alcanzar el estado de "ser humano" en toda su plenitud, desarrollando sus capacidades y características como miembro de su especie, en pleno funcionamiento y sin enfermedad visible (física o psicológica).

"Un buen ser humano –dice Maslow citando a Robert Hartman – (o un buen tigre o un buen manzano) es bueno en la medida que cumple o satisface el concepto de 'ser humano' (tigre o manzano)". (140)

Las necesidades básicas o primarias son compartidas por todos los miembros de la especie humana, en tanto que las de autorrealización o desarrollo, son propias de cada persona. Las primeras dependen del mundo externo, deben ser contempladas en relación con las fuentes que proporcionan satisfacción a sus necesidades, por lo que el individuo *debe ser*, hasta cierto punto, dirigido por los otros, y *tiene que ser* sensible a la aprobación, afecto y buena voluntad de los demás. A esto se une la necesidad secundaria de recibir estima de otros. Este tipo de ansiosa dependencia engendra hostilidad y una mayor o menor falta de libertad. "Desde el momento –dice – en que, por ejemplo, una adolescente necesita admiración *per se*, poco importa quién se la proporcione; una fuente de admiración es tan buena como la otra" (141)

En contraste, el individuo que se auto realiza y madura, es el que, por definición, ya ha cubierto sus necesidades básicas, no necesita a los demás, prefiere su independencia e intimidad y los determinantes que lo gobiernan provienen de su interior, de sus capacidades y potencialidades y, por tanto, es libre y responsable de sí mismo.

El hombre, en la práctica, no se encuentra moldeado de acuerdo a la humanidad, ni se le enseña a ser humano. El papel del medio ambiente es permitirle desarrollar su propio potencial que él posee en forma incipiente o embrionaria. **Para lograr esto, es absolutamente necesario que viva en el seno de una familia y cultura que le permitan alimentarse y convertir en algo real lo que ya posee en bruto.**

La cultura es, entonces, un instrumento para la satisfacción de las necesidades o instintos primarios y de desarrollo, pero también de frustración y control. "En la actualidad –afirma- hay que rechazar el error casi universal de que los intereses del individuo y de la sociedad son necesariamente antagónicos y mutuamente excluyentes, o de que la civilización es básicamente un mecanismo para controlar y vigilar los impulsos instintivos humanos. Todos estos axiomas de la antigüedad son desarrollados **por la reciente posibilidad de definir la función principal de una cultura saludable, como la alimentación de una autorrealización universal**" (142)

Desafortunadamente, las culturas más pobres no logran satisfacer ni siquiera las necesidades básicas del individuo y en las más ricas, la ambición de poder económico, político y social desvirtúa esta característica que debiera tener **una sociedad que propicie que el ser humano alcance su máximo potencial**.

Lo anterior nos lleva a la reflexión de que nuestra cultura occidental en general y la nuestra en particular, que puede calificarse de pobre, jerárquica y desigual, no solo no satisface las necesidades del individuo, que cae, por tanto, en la mediocridad y en la angustia de no poder realizarse, sino que, a la vez, la cultura misma refleja la condición en que se encuentran sus individuos.

Esa angustia que puede manifestarse como ira, puede transformarse en firmeza, auto protección, justa indignación, lucha contra el mal, siempre y cuando la persona esté psíquicamente sana. De lo contrario tiene muchas más posibilidades de adoptar un cariz de malicia, sadismo, ansia de ciega destrucción, dominación y crueldad. Aflorando de esa manera el lado oscuro del ser. (143)

Al igual que Fromm, Maslow afirma que la satisfacción de las necesidades primarias o básicas se toma con demasiada frecuencia en relación con la posesión de objetos (auto, ropa, dinero, etc.), cosas que no satisfacen en sí mismas dichas necesidades. De hecho, una vez satisfechas las necesidades corporales, se refieren más bien a la protección, seguridad, dependencia (como sucede en el seno de la familia, clan, comunidad o pandilla), amor, aprecio, dignidad, auto respeto y libertad para el desarrollo de las capacidades inherentes al ser humano. (144)

Desafortunadamente, aquellos que logran alcanzar la plenitud y autorrealización son solo 1 o 2 de cada 100. Expuso su teoría hace ya muchos años, basándola en estudios de sus pacientes de psicoterapia en Estados Unidos. Por supuesto que, en la actualidad, tanto en aquel país como en el nuestro, sobre todo, las condiciones socioeconómicas se han deteriorado en detrimento de un medio propicio para que el individuo pueda alcanzar ese nivel ideal de "humanidad plena".

En consecuencia, se percibe una desaparición o trastorno de los valores éticos y morales, una "deshumanización" de la humanidad, entendiéndose por esto que malamente las personas pueden desarrollar las capacidades propias de su especie cuando ni siquiera pueden cubrir sus necesidades elementales. La sobrepoblación, las políticas económicas equivocadas, la educación que no toma en cuenta el valor intrínseco del ser humano y muchos otros más, son elementos que han contribuido a esta situación.

Los valores

Cada uno de nosotros, según Maslow, posee una naturaleza interior, esencial, de tipo instintivo, intrínseca, dada, 'natural'; es decir, con un grado de determinación hereditaria apreciable, con una base biológica y genética y que tiende fuertemente a persistir. Este material en bruto empieza pronto un proceso de conversión evolutiva hacia un yo, en cuanto entra en contacto y se relaciona con el mundo exterior, es decir, que también se desarrolla por la cultura.

Realizar su potencial como especie Homo *sapiens* es su sistema natural de valores, gracias a los cuales las personas tienden espontáneamente a obrar bien porque eso es lo que desean hacer, lo que disfrutan, lo que les hace sentir bien, lo que aprueban. El hombre, por tanto, es bueno por naturaleza. En esto se opone a Freud quien, ya hemos visto, opinó que el hombre nace malo y la sociedad lo va haciendo bueno.

"Estoy convencido –agrega- que el concepto de 'valor' pronto estará anticuado. Incluye demasiadas cosas, tiene significados excesivamente diversos y posee una historia demasiado larga" (145)

En esto concuerda con Víctor Frankl cuando afirma que "La moral, en el sentido que se le daba antiguamente a esta palabra, pronto habrá acabado su papel. Tarde o temprano dejaremos ya de moralizar y consideraremos la moral desde un punto de vista ontológico: **lo bueno y lo malo no se definirán en el sentido de algo que debemos o no debemos hacer, sino que nos parecerá bueno lo que nos ayuda a realizar el sentido que buscamos en las cosas existentes, y consideraremos como malo aquello que nos lo impide**" (146)

Otra de las hipótesis de Maslow acerca de los valores superiores, las virtudes, etc., plantea que más o menos es lo mismo que descubrimos como elecciones libres, cuando la circunstancia es favorable, en aquellas personas que calificamos de sanas o maduras, en los momentos que se sienten fuertes, cuando espontáneamente, tienden a escoger lo verdadero, y no lo falso, lo bueno y no lo malo. Esta tendencia se encuentra en la mayoría de las personas; es decir, quizás se trata de valores propios de la especie, que se muestran con más claridad en las personas en desarrollo o sanas.

De esta suerte, los valores supremos deben de buscarse dentro de la naturaleza humana misma. "Esto está en abierta contradicción con las creencias antiguas y rutinarias de que los valores pueden provenir tan solo de un Dios sobrenatural o de alguna otra fuente exterior a la naturaleza misma del hombre" (147)

En un contexto libre, las personas maduras buscan no solo los valores superiores de la verdad, la bondad y la belleza, sino también los valores primarios de supervivencia, ya que necesita de ambos para vivir. Así, por ejemplo, la seguridad (valor regresivo o primario) es una condición previa para el amor, el cual, a su vez, es una condición previa para la autorrealización (en la que se buscan los valores de desarrollo o superiores)

Para la mayor parte de la humanidad, la naturaleza superior del hombre es inconcebible sin una naturaleza inferior satisfecha como base. De aquí se deduce que la naturaleza, ideales, aspiraciones y capacidades superiores del hombre no se basan en una renuncia a los instintos, sino más bien en su satisfacción. (Pág. 216-218), a pesar de la tendencia característica de la cultura occidental de suponer que las necesidades instintivas del ser humano, su llamada naturaleza animal, son malas o perversas. Como consecuencia se han fundado numerosas instituciones culturales con el propósito expreso de ocultar, controlar, inhibir y suprimir esa naturaleza originaria del hombre. (148)

"El ser humano- finaliza- necesita una trama de valores, una filosofía de la vida, una religión o un sustituto de ella de acuerdo con el cual vivir y pensar, de la misma manera que necesita la luz solar, el calcio o el amor (...) Las enfermedades de los valores surgidas de la carencia de los mismos reciben nombres diversos, como anhedonia [incapacidad de obtener placer a partir de experiencias placenteras]**, anomia** [dificultad para encontrar palabras, especialmente el nombre de los objetos]**, apatía,**

amoralidad, desesperanza, cinismo, etc. y pueden convertirse asimismo, en enfermedades somáticas. Desde el punto de vista histórico, nos encontramos en un interregno de los valores en el que todos los sistemas de valores externos se han manifestado como fracasos (políticos, económicos, religiosos), es decir, no hay nada por lo que valga la pena morir.

"El hombre busca incesantemente aquello que necesita, pero no posee, y está peligrosamente dispuesto a lanzarse sobre *cualquier* esperanza, buena o mala. El remedio para esta enfermedad es evidente: necesitamos un sistema de valores humanos comprobado, utilizable, en el que podamos creer y al que podamos consagrarnos (por el que estemos dispuestos a morir), por el hecho de que son verdaderos y no porque nos hayan exhortado a 'creer y tener fe'

"Muchas de las perturbaciones halladas en niños y adolescentes deben ser interpretadas como resultado de la incertidumbre e incongruencia de los adultos acerca de sus valores. Como consecuencia en Estados Unidos [y en México o cualquier otra parte del mundo occidental] viven de acuerdo no con valores de adultos, sino con valores de adolescentes, que son, naturalmente, inmaduros, ignorantes y fuertemente determinados por las necesidades confusas del adolescente". (149)

"La pérdida de valores básicos en la sociedad actual [honestidad, respeto, amor al prójimo y a sí mismo, libertad] **con frecuencia deja vacío al hombre. La sociedad se encuentra plagada de valores materiales, de poder, riqueza, lujos, comodidad, placer, prestigio, fama, sexo y vanidad.**

"Otro factor —y este es triste reconocerlo- es lo que el teólogo y sacerdote católico William McNamara ha llamado 'el fracaso del cristianismo', que puede aplicarse con igual validez a otras religiones.

"Estos factores, entre otros, están impulsando al hombre de nuestros días a buscar la satisfacción de sus necesidades exaltadas de espiritualidad por medios nuevos y diferentes, que en muchas ocasiones resultan ser verdaderamente peligrosos, falsos y decepcionantes; lo están llevando a caer en el fanatismo enajenante que le impide ser lo que en realidad es (...) o bien a reprimir sus necesidades espirituales sumergiéndose en la corriente materialista de la sociedad tecnológica y consumista" (150)

Finalmente, recordemos que Frankl dijo que en situaciones extremas los valores se ven amenazados totalmente, pues la persona se olvida de todo excepto del instinto elemental de alimentarse.

Dentro de este contexto, habría que retomar la idea de que en la actualidad la moral depende de las condiciones socioeconómicas y de los intereses que dan lugar a estas condiciones, "dado que existen medios para mantener las necesidades sexuales bajo control (indirecto) y para aprovecharlas" (151)

"La revolución sexual y el "boom de la sexualidad" a raíz del descubrimiento de la "píldora" (anteriores a los efectos regresivos que está provocando la epidemia del VIH/sida) no significaron ningún cuestionamiento real de las estructuras sociales y de poder, sino que las nuevas manifestaciones 'autorizadas' de la sexualidad fueron fácilmente manipuladas y absorbidas, y en especial aprovechadas en su propio beneficio por los grandes consorcios internacionales vinculados al poder político (...) No fueron más que las modificaciones necesarias de un sistema económico, ahora orientado al consumo masivo, que 'ajustó' tácticamente su 'dispositivo de sexualidad'" (152)

Los anticonceptivos orales, vueltos ahora de uso corriente y masivo, fueron inventados en 1954 y no tuvieron difusión comercial hasta los sesenta, donde se impusieron en forma arrolladora. No debemos olvidar que la nueva moral sexual se estableció, tan vinculada a la propagación de estos anticonceptivos y relacionada con los intereses económicos y políticos que la sostienen... Pongamos como ejemplo –dice Perrés – el hecho de que en 1920 se aprobó en Francia una ley que prohíbe toda difusión de propaganda anticonceptiva. Esta disposición se levantó por una nueva disposición de 1967 que abre las puertas a la difusión masiva de los anticonceptivos, curiosamente en el momento de auge de la nueva fabricación de la píldora.

"Si queremos poner de ejemplo a México, no sería nada difícil, ya que la política de planificación familiar, convertida en prioridad de estado desde 1974, mucho tiene que ver con los cambios de perspectiva en las políticas poblacionales al nivel mundial y muy probablemente, con las condiciones impuestas por el Fondo Monetario Internacional para conceder préstamos" (153)

13 EL CONCEPTO DE LIBERTAD

¿Realmente hemos sido educados para ser libres? ¿Sabemos serlo aún ya de adultos?

Los humanistas afirman que solo el que se conoce a sí mismo, puede alcanzar la libertad y con ella de la mano, la responsabilidad de sí mismo. ¿Cómo puedo responsabilizarme de mis acciones, cuidar verdaderamente de mí cuerpo, de todo mi ser, si no sé cómo hacerlo porque nunca he tomado decisiones propias, nunca he sido libre? ¿Realmente conozco mi cuerpo y mi psique? ¿Sé quién soy? ¿Gozan de libertad nuestros adolescentes y adultos para tomar una decisión responsable en referencia a la protección de su propio cuerpo?

"Si una elección es realmente libre –dice Maslow- y si el que escoge no está demasiado enfermo o asustado para hacerlo, la mayor parte de las veces escogerá sabiamente, en una dirección saludable y que apunte al desarrollo" (154)

Uno de los obstáculos para el desarrollo pleno de la persona es el miedo a reconocer la propia libertad de elección, aunque ésta pueda estar limitada, como todo lo humano, por factores biológicos, socioculturales, económicos, políticos y psicológicos; no obstante, dentro de esos límites, cada individuo debe elegir su rumbo.

La libertad impone una pesada carga que proviene de la incertidumbre, la angustia de no tener un camino prefijado, de un futuro desconocido. Para escapar de esa angustia, de esa desorientación, la persona se aferra rígidamente, irracionalmente, a lo que ya conoce, al estilo de vida que le es familiar y que se le ha impuesto desde que nació; trata de huir fundiéndose con la masa, perdiéndose en el anonimato de la conformidad gregaria. Su vida es arrastrada por la sociedad y jamás vive la vida como lo que es, un ser único e irrepetible.

Niega así su libertad de elección, pues en tanto que es libre para elegir, es responsable por lo que haga o deje de hacer con su vida. Siente terror a aceptarse como individuo, un ser separado y diferente de los demás [hay que recordar a Fromm cuando dice que lo más intolerable para el ser humano es su separatividad], pues tomar conciencia de su unicidad implica que absolutamente nadie en el mundo ve la vida como él y, por tanto, nadie lo puede comprender totalmente.

La educación

En diferentes secciones de este estudio hemos visto la importancia que tiene la presencia de la madre, en primera instancia, en un desarrollo sano de la psique del bebé. Es su primera educadora. Posteriormente, el padre y el resto de la familia le darán la calidez y amor necesario para desarrollarse plenamente, ya que es en el seno de la familia, de la comunidad, donde tendrá la oportunidad de cubrir sus necesidades básicas. Estas condiciones son las primeras en constituir la educación del niño, en todo aspecto y principalmente el de su sexualidad que veremos en una sección especial.

¿Cómo aprendería el niño a ser responsable de sí mismo?

Los avances en su desarrollo los dará paso a paso, dependiendo cada uno de lo seguro que se sienta en referencia a la protección de la madre en primera instancia. Si se siente seguro se aventurará a explorar, sabiendo que mamá está ahí cerca y que, por tanto, tiene la posibilidad de retractarse. Ya hemos visto que la seguridad es una de las necesidades primarias, y más poderosa que la necesidad de desarrollo.

El único medio que tenemos para saber si el niño se siente seguro de avanzar es a través de sus elecciones. Llegará el momento, en que esas opciones son suyas, y nadie debe escoger por él con excesiva frecuencia porque eso lo debilitará, reducirá la confianza en sí mismo y la capacidad de percibir quién es, cuál es su ego interno en la experiencia, sus propios impulsos y juicios y saber diferenciarlos de las normas interiorizadas provenientes de los demás (los padres en los primeros años).

Entonces ¿cómo podemos, ayudarlo a desarrollarse? Porque en realidad sí necesita ayuda, ya que sin ella estará demasiado asustado para atreverse.

Hay que tener en cuenta que lo que otros opinen de él es de suma importancia, pues en esa opinión están involucrados el amor, la aprobación, el respeto y la recompensa. En esta etapa, confía en otros más que en sí mismo. Al ser los otros tan importantes, el temor de perderlos es inmenso, ya que la seguridad es la necesidad más importante para él. Por eso, ante una elección difícil

entre sus propias experiencias agradables de exploración y la experiencia de la aprobación ajena, escogerá generalmente, esta última y reprimirá su necesidad, su placer, aún a costa de su ego y desarrollo.

"Desde el mismo instante en que renuncia a sí mismo, y en la misma medida en que lo hace, empieza inconscientemente a crear y mantener un pseudo-yo (...) hará lo que se le pida, no por diversión o placer, sino para sobrevivir". (155)

Si el niño no ha sido amado y si han anulado sus deseos espontáneos; si no se le acepta por sí mismo y tal como es, su psique muere, pero sigue sobreviviendo, renunciando a la verdad sobre sí mismo, olvidándose de quién es y así seguirá toda su vida. Se convierte en neurótico (somos neuróticos en la medida en que carecemos de un yo), persiguiendo o defendiendo ese pseudo-yo falso.

Este niño no solo necesita amor y aceptación de su yo, sino cumplir con sus otras necesidades primarias. También necesita aprender los límites que el mundo físico impone a sus satisfacciones, y darse cuenta que otros seres humanos buscan, asimismo, saciar sus necesidades, incluyendo al padre, la madre, los hermanos; es decir, que ellos no son solo medios para sus fines. Esto significa control, límites, renuncia, tolerancia de la frustración y disciplina.

Así pues, la educación debe ser dirigida hacia el cultivo de los controles, de la espontaneidad y la expresión.

Si a un niño sano se le da la opción de la libre elección, la mayoría de las veces –opina Maslow– escogerá lo que es bueno para su desarrollo. Lo hará porque sabe bien, porque le produce bienestar, placer y deleite.

Para que los niños se desarrollen saludables, tanto en cuerpo como en mente, es necesario que los adultos confíen en ellos, que no interfieran demasiado en los procesos naturales de crecimiento; es decir, que no los hagan crecer, ni los fuercen en direcciones predeterminadas sino más bien que los dejen desarrollarse sin autoritarismo.

En la práctica, este dejar ser, es algo difícil para los padres que tienden a interpretarlo como una tolerancia, indulgencia o sobreprotección absolutas, dándole las cosas, disponiendo de actividades placenteras, decididas sin consultar al niño, protegiéndolo de todos los peligros, evitándole todo riesgo.

"El amor sin respeto es algo completamente distinto del amor con respeto hacia los propios signos interiores del niño" (156)

La sobreprotección indica que las necesidades del niño son satisfechas, en su lugar, por las necesidades de los padres, lo cual tiende a infantilizarlo, a impedir el desarrollo de su propia fortaleza, voluntad y autoafirmación; elimina su responsabilidad y libertad. En una de sus formas puede enseñarle a utilizar a los demás en vez de a respetarlos y puede contribuir a que el niño se sienta inútil.

Lo ideal es que el niño aprenda a ser bueno no por miedo a perder el amor de los padres, sino porque desea serlo. Debe descubrir su propia conciencia y renunciar a la interiorización de lo que opinan sus padres como única guía moral. Debe hacerse responsable y menos dependiente y debe también aprender a gozar con responsabilidad.

¿Propiciamos estas características en nuestros hijos, en el mundo occidental? ¿Los sobreprotegemos o les damos la opción de actuar de acuerdo a su sabiduría natural interna? ¿Propiciamos, con nuestra conducta de padres, la responsabilidad y la madurez en nuestros hijos?... ¿Les damos un medio ideal para el desarrollo de su personalidad, entendiéndose ésta como su individualidad y libertad de escoger opciones, con responsabilidad?

En mi opinión, es evidente que no.

En referencia a la educación, Carl Jung expresó: **¿Quién educa en el sentido de desarrollar la personalidad? En primero y más importante lugar, los padres son frecuentemente incompetentes y durante toda su vida son semi niños o niños incompletos.** En efecto, en el adulto existe un niño, *un niño eterno que sigue formándose, que nunca estará terminado y que necesita constante cuidado, atención y educación.* Esta parte de la personalidad humana es la que quisiera desarrollarse en su totalidad, pero el hombre de nuestro tiempo está infinitamente lejos de esa totalidad. Sospechando vagamente ese defecto, se apodera de la educación del niño y se entusiasma con la psicología infantil, teniendo en cuenta que algo debe haber fallado en su propia educación y desarrollo infantil, algo que debe corregirse en la generación siguiente. Este propósito, bien loable, se estrella, sin embargo, con el hecho psicológico de que no se puede corregir en el niño una falta que uno mismo sigue cometiendo. Los niños, desde luego, no son tan tontos como creemos. Perciben perfectamente lo que es auténtico y lo que es falso.

"La personalidad es un germen en el niño, que solo se desarrolla paulatinamente por y en la vida. Sin *determinación, totalidad* y *madu*rez, no se manifiesta ninguna personalidad. Estas tres condiciones no pueden ni deben ser propias del niño ya que defraudarían su niñez. Se convertiría en un adulto antinatural y prematuro, y la moderna educación ha producido, en efecto, semejantes monstruos, particularmente en aquellos casos en que los padres se dedicaban con

verdadero fanatismo a hacer 'lo mejor' en beneficio de sus niños y 'vivir solo para ellos'. Este ideal tan frecuentemente preconizado impide a los padres evolucionar ellos mismos de un modo eficaz y los impulsa a imponer a sus hijos lo que los padres tienen de 'mejor'. Ese 'mejor' es, sin duda, aquello que los padres han descuidado también en ellos mismos. De este modo se incita a los niños a realizar esfuerzos que los padres jamás han realizado y se les inculcan ambiciones que sus progenitores nunca lograron. Semejantes métodos 'ideales' dan lugar a monstruosidades en materia de educación.

La educación en el área de la sexualidad va de la mano con todo lo expuesto anteriormente. Una educación sexual inadecuada es la que percibimos durante toda la vida de manera "informal", a través de los padres, la religión, la propaganda, etc., y es la que "niega la sexualidad" y que enfatiza que el sexo está relacionado con el pecado y es sucio por sí mismo; que la sexualidad es una actividad al margen de nuestra vida psíquica, que debe ser reprimida y debe hacerse a escondidas; Que el sexo va unido a la mala conciencia y que la delicadez, el sentimiento de honor, la decencia, la honradez, el refinamiento artístico y la filantropía son incompatibles con la vida sexual.

Todo esto da por resultado una represión sexual que somete a la mujer y propicia la incapacidad afectiva erótica del varón, que crea sentimientos de culpa y vergüenza. Es sumamente perjudicial porque aísla la sexualidad de otras formas de relación de pareja y del amor e incluso, daña el funcionamiento de la unión sexual pues estimula una vida sexual excesiva, degenerada y poco natural, llegando incluso a provocar repugnancia hacia lo sexual.

En las familias mexicanas, expresa la Dra. Carmen Soler Claudín, Directora del programa VIH/sida de la Secretaria de Salud del Distrito Federal: "Únicamente el 10 por ciento habla del tema de la sexualidad, lo que ha ocasionado que los jóvenes no estén educados en este sentido y se vean involucrados en graves complicaciones de salud, sociales y familiares, pues el mayor problema de este sector de la población es que no cuenta con acceso a los servicios y a la información de cómo prevenir el embarazo, lo que ha permitido destacar que entre 10 y 40 por ciento de las jóvenes solteras han tenido un embarazo no deseado, de los cuales, 14 por ciento termina en aborto" (157)

Como hemos expuesto en varias ocasiones, el sexo y la actividad sexual son tan naturales como cualquier otra parte o función de nuestro cuerpo. Por lo tanto, el comportamiento sexual, sea cual fuere, no tiene por qué ser considerado anormal o enfermizo. Es válido siempre que la persona se sienta cómoda realizándolo, que esté de acuerdo con su pareja, que no dañe a nadie y que los participantes lo hagan voluntariamente.

El miedo al conocimiento

Maslow afirma que existe un miedo general al conocimiento que él considera es defensivo, ya que constituye una protección de nuestra propia estimación, de nuestro amor y respeto por nosotros mismos. **Tendemos a asustarnos de cualquier conocimiento que pueda hacernos sentir desprecio por nosotros mismos, sentirnos inferiores.**

No pude evitar, al leer este párrafo, acordarme de Vivianne Hiriart cuando afirma que los jóvenes están ya saturados de escuchar acerca del sida, como menciono al comienzo de este escrito. De igual forma, vienen a mi mente las veces en que, programada una de mis charlas, los jóvenes han pasado de largo, no solo sin interés, sino aún con desgana; o la ignorancia que percibo en la mayoría de las personas, jóvenes o adultas, en referencia a la sexualidad y en particular a la problemática del VIH/sida. Conocer la realidad de esta problemática es muy dolorosa y da miedo ponerse en los zapatos de los que la sufren. Por tanto, prefieren no saber.

Regresando al concepto de conocimiento, este, por un lado, hace a la persona más sabia, más madura. Sin embargo, indagar en lo desconocido y lo inesperado, tiene en sí la posibilidad de convertirse en una amenaza que preferimos ignorar. Mientras no indago o conozco, mientras ignoro, no sufro, y este, el sufrimiento, en nuestra cultura occidental, hay que evitarlo a toda costa. Hay quien me dijo, en alguna ocasión, que no le daba miedo sufrir, sino que le incomodaba. ¡Qué buena manera de velar o evadir la realidad!

La falta de curiosidad puede también ser una defensa. "A menudo –dice Maslow- es mejor no saber, porque si de verdad supieras, tendrías que actuar y exponer tu seguridad" (pág. 99) Saber, además, va de la mano con responsabilizarse y esto no es nada fácil cuando desde niño se nos enseña a apoyarnos en los otros y a aceptar lo que los otros dicen que es la verdad.

"Todos los impulsos psicológicos y factores sociales – añade Maslow-   que contribuyan a aumentar el temor reducirán nuestro impulso por conocer". 158)

Más miedo aún da conocerse a sí mismo, porque desde siempre nos enseñaron a aparentar lo que no somos y adoptamos máscaras para sobrevivir. Darse cuenta que, bajo nuestra máscara de bondad, de perfección, de seguridad en nosotros mismos existe también un lado oscuro capaz de odiar, de agredir, de envidiar. Ver que no somos perfectos y que jamás lograremos alcanzar la perfección que desde niños se nos exigió. Por eso, innumerables personas evaden auto conocerse porque eso puede ser aterrador.

Riesgos: "a mí no me puede pasar"

Para los fines de este estudio es muy importante definir qué es riesgo, ya que esta actitud mental es la que está de por medio al momento de tener una relación sexual desprotegida o al usar una aguja contaminada.

El concepto de riesgo no es igual para todas las personas. Cae dentro del campo de la psicología y la cultura, ya que el riesgo no es percibido igual por un niño que por un adulto, por un hombre o por una mujer, por un individuo que trabaje en Wall Street o el que se sustenta gracias a la recolección de alimentos en las planicies de África.

La percepción del riesgo –afirma García Viveros- es una concepción mental o idea que se puede tener acerca de una amenaza o peligro pero que no necesariamente corresponde con la realidad, por lo cual, este concepto parte de una representación mental individual o colectiva, basada en la experiencia personal o de otra persona capaz de influir en nosotros. Por lo tanto, esta interpretación puede variar de persona a persona, y de grupo a grupo aún dentro de la misma colectividad. (159)

Cuando hablamos de riesgo, nos proyectamos hacia el futuro que ya hemos visto, nos produce ansiedad y miedo puesto que es desconocido; para evadirlo

echamos mano a una serie de tretas. De esta suerte, tratamos de no pensar en el riesgo que se basa en suposiciones, que cae dentro de ese futuro amenazante.

En el caso de las enfermedades de transmisión sexual, como se trata de algo que puede perjudicarnos e incluso hacernos perder la vida, de un   futuro poco agradable, en contraposición con un momento presente de placer, de éxtasis, de olvido de una realidad que no nos gusta, se suele negar o racionalizar, por la necesidad de seguir viviendo una vida cotidiana que conocemos y que es, por tanto, más segura que ese mañana incierto [aquí podemos referirnos a la necesidad primaria de seguridad descrita por Maslow]

Esta negación –dice García Viveros citando a Mileti y Serensen- es conocida como el síndrome de "esto no me puede pasar a mí" (160)

Relacionado a este concepto, está la idea humana de sentirse deidad y de que, por el simple hecho de existir, se reconoce como un ser único e invulnerable que está más allá de las leyes ordinarias de la biología, de la naturaleza y del destino. Pero en algún momento de la vida, cuando la persona se enfrenta a una crisis o cuando algo malo le llega a pasar, lo expone a lo común, se siente vulnerable, se siente gusano y no Dios, como dice Maslow. Esto desafía su concepto de que la vida es eterna y reaccionará pensando que eso a ella no le puede pasar. Es muy difícil aceptar nuestra enorme vulnerabilidad pues, de cierta manera, el sentirnos indestructibles nos da aliento para avanzar en la vida que está llena de contratiempos.

El grado de auto estima, de aceptación de sí que tengamos, de responsabilidad hacia nuestra persona, será también de suma importancia en la toma de decisiones frente a un riesgo.

En una situación de riesgo intervendrá, por supuesto, la toma de decisiones: básicamente me arriesgo o no. Pero, ¿una libre elección es realmente libre? Maslow dice: "si el que escoge no está demasiado enfermo [no es psicológicamente sano] o asustado para hacerlo, la mayor parte de las veces escogerá sabiamente, en una dirección saludable y que apunte al desarrollo" (161)

El ser humano no es libre, aunque se nos diga que gozamos de "libre albedrío". De niño o de joven está sujeto a las leyes del hogar, con frecuencia incongruentes y autoritarias; luego las leyes de la escuela, de la sociedad, de la cultura, con las mismas características de inconsistencia y absolutismo, en una superposición eterna, de la niñez a la madurez, de los "debo o tengo que", porque así lo dice mamá, papá, el maestro, la religión, los mitos, las leyes, todos ellos llenos de incongruencias. ¿Qué más incongruencia hay, por ejemplo, en el hecho de que se afirme que tenemos libertad para decidir, que Dios nos dotó de "libre albedrío", pero a la vez se nos condene y se nos llene de culpas si utilizamos el condón o la píldora del día siguiente, desde el punto de vista de la iglesia católica?

14 LA FALTA DE SENTIDO DE VIDA

¿Realmente hemos sido educados para ser libres? ¿Sabemos serlo aún ya de adultos?

Los humanistas afirman que solo el que se conoce a sí mismo, puede alcanzar la libertad y con ella de la mano, la responsabilidad de sí mismo. ¿Cómo puedo responsabilizarme de mis acciones, cuidar verdaderamente de mí cuerpo, de todo mi ser, si no sé cómo hacerlo porque nunca he tomado decisiones propias, nunca he sido libre? ¿Realmente conozco mi cuerpo y mi psique? ¿Sé quién soy? ¿Gozan de libertad nuestros adolescentes y adultos para tomar una decisión responsable en referencia a la protección de su propio cuerpo?

"Si una elección es realmente libre –dice Maslow- y si el que escoge no está demasiado enfermo o asustado para hacerlo, la mayor parte de las veces escogerá sabiamente, en una dirección saludable y que apunte al desarrollo" (154)

Uno de los obstáculos para el desarrollo pleno de la persona es el miedo a reconocer la propia libertad de elección, aunque ésta pueda estar limitada, como todo lo humano, por factores biológicos, socioculturales, económicos, políticos y psicológicos; no obstante, dentro de esos límites, cada individuo debe elegir su rumbo. **La libertad impone una pesada carga que proviene de la incertidumbre, la angustia de no tener un camino prefijado, de un futuro desconocido. Para escapar de esa angustia, de esa desorientación, la persona se aferra rígidamente, irracionalmente, a lo que ya conoce, al estilo de vida que le es familiar y que se le ha impuesto desde que nació; trata de huir fundiéndose con la masa, perdiéndose en el anonimato de la conformidad gregaria. Su vida es arrastrada por la sociedad y jamás vive la vida como lo que es, un ser único e irrepetible.** Niega así su libertad de elección, pues en tanto que es libre para elegir, es responsable por lo que haga o deje de hacer con su vida. Siente terror a aceptarse como individuo, un ser separado y diferente de los demás [hay que recordar a Fromm cuando dice que lo más intolerable para el ser humano es su separatividad], pues tomar conciencia de su unicidad implica que absolutamente nadie en el mundo ve la vida como él y, por tanto, nadie lo puede comprender totalmente.

La educación

En diferentes secciones de este estudio hemos visto la importancia que tiene la presencia de la madre, en primera instancia, en un desarrollo sano de la psique del bebé. Es su primera educadora. Posteriormente, el padre y el resto de la familia le darán la calidez y amor necesario para desarrollarse plenamente, ya que es en el seno de la familia, de la comunidad, donde tendrá la oportunidad de cubrir sus necesidades básicas. Estas condiciones son las primeras en constituir la educación del niño, en todo aspecto y principalmente el de su sexualidad que veremos en una sección especial.

¿Cómo aprendería el niño a ser responsable de sí mismo?

Los avances en su desarrollo los dará paso a paso, dependiendo cada uno de lo seguro que se sienta en referencia a la protección de la madre en primera instancia. Si se siente seguro se aventurará a explorar, sabiendo que mamá está ahí cerca y que, por tanto, tiene la posibilidad de retractarse. Ya hemos visto que la seguridad es una de las necesidades primarias, y más poderosa que la necesidad de desarrollo.

El único medio que tenemos para saber si el niño se siente seguro de avanzar es a través de sus elecciones. Llegará el momento, en que esas opciones son suyas, y nadie debe escoger por él con excesiva frecuencia porque eso lo debilitará, reducirá la confianza en sí mismo y la capacidad de percibir quién es, cuál es su ego interno en la experiencia, sus propios impulsos y juicios y saber diferenciarlos de las normas interiorizadas provenientes de los demás (los padres en los primeros años).

Entonces ¿cómo podemos, ayudarlo a desarrollarse? Porque en realidad sí necesita ayuda, ya que sin ella estará demasiado asustado para atreverse.

Hay que tener en cuenta que lo que otros opinen de él es de suma importancia, pues en esa opinión están involucrados el amor, la aprobación, el respeto y la recompensa. En esta etapa, confía en otros más que en sí mismo. Al ser los otros tan importantes, el temor de perderlos es inmenso, ya que la seguridad es la necesidad más importante para él. Por eso, ante una elección difícil entre sus propias experiencias agradables de exploración y la experiencia de la aprobación ajena, escogerá generalmente, esta última y reprimirá su necesidad, su placer, aún a costa de su ego y desarrollo.

"Desde el mismo instante en que renuncia a sí mismo, y en la misma medida en que lo hace, empieza inconscientemente a crear y mantener un pseudo-yo (...) hará lo que se le pida, no por diversión o placer, sino para sobrevivir". (155)

Si el niño no ha sido amado y si han anulado sus deseos espontáneos; si no se le acepta por sí mismo y tal como es, su psique muere, pero sigue sobreviviendo, renunciando a la verdad sobre sí mismo, olvidándose de quién es y así seguirá toda su vida. Se convierte en neurótico (somos neuróticos en la medida en que carecemos de un yo), persiguiendo o defendiendo ese pseudo-yo falso.

Este niño no solo necesita amor y aceptación de su yo, sino cumplir con sus otras necesidades primarias. También necesita aprender los límites que el mundo físico impone a sus satisfacciones, y darse cuenta que otros seres humanos buscan, asimismo, saciar sus necesidades, incluyendo al padre, la madre, los hermanos; es decir, que ellos no son solo medios para sus fines. Esto significa control, límites, renuncia, tolerancia de la frustración y disciplina.

Así pues, la educación debe ser dirigida hacia el cultivo de los controles, de la espontaneidad y la expresión.

Si a un niño sano se le da la opción de la libre elección, la mayoría de las veces –opina Maslow– escogerá lo que es bueno para su desarrollo. Lo hará porque sabe bien, porque le produce bienestar, placer y deleite.

Para que los niños se desarrollen saludables, tanto en cuerpo como en mente, es necesario que los adultos confíen en ellos, que no interfieran demasiado en los procesos naturales de crecimiento; es decir, que no los hagan crecer, ni los fuercen en direcciones predeterminadas sino más bien que los dejen desarrollarse sin autoritarismo.

En la práctica, este dejar ser, es algo difícil para los padres que tienden a interpretarlo como una tolerancia, indulgencia o sobreprotección absolutas, dándole las cosas, disponiendo de actividades placenteras, decididas sin consultar al niño, protegiéndolo de todos los peligros, evitándole todo riesgo.

"El amor sin respeto es algo completamente distinto del amor con respeto hacia los propios signos interiores del niño" (156)

La sobreprotección indica que las necesidades del niño son satisfechas, en su lugar, por las necesidades de los padres, lo cual tiende a infantilizarlo, a impedir el desarrollo de su propia fortaleza, voluntad y autoafirmación; elimina su responsabilidad y libertad. En una de sus formas puede enseñarle a utilizar a los demás en vez de a respetarlos y puede contribuir a que el niño se sienta inútil.

Lo ideal es que el niño aprenda a ser bueno no por miedo a perder el amor de los padres, sino porque desea serlo. Debe descubrir su propia conciencia y renunciar a la interiorización de lo que opinan sus padres como única guía moral. Debe hacerse responsable y menos

dependiente y debe también aprender a gozar con responsabilidad.

¿Propiciamos estas características en nuestros hijos, en el mundo occidental? ¿Los sobreprotegemos o les damos la opción de actuar de acuerdo a su sabiduría natural interna? ¿Propiciamos, con nuestra conducta de padres, la responsabilidad y la madurez en nuestros hijos?... ¿Les damos un medio ideal para el desarrollo de su personalidad, entendiéndose ésta como su individualidad y libertad de escoger opciones, con responsabilidad?

En mi opinión, es evidente que no.

En referencia a la educación, Carl Jung expresó: **¿Quién educa en el sentido de desarrollar la personalidad? En primero y más importante lugar, los padres son frecuentemente incompetentes y durante toda su vida son semi niños o niños incompletos.** En efecto, en el adulto existe un niño, *un niño eterno que sigue formándose, que nunca estará terminado y que necesita constante cuidado, atención y educación.* Esta parte de la personalidad humana es la que quisiera desarrollarse en su totalidad, pero el hombre de nuestro tiempo está infinitamente lejos de esa totalidad. Sospechando vagamente ese defecto, se apodera de la educación del niño y se entusiasma con la psicología infantil, teniendo en cuenta que algo debe haber fallado en su propia educación y desarrollo infantil, algo que debe corregirse en la generación siguiente. Este propósito, bien loable, se estrella, sin embargo, con el hecho psicológico de que no se puede corregir en el niño una falta que uno mismo sigue cometiendo. Los niños, desde luego, no son tan tontos como creemos. Perciben perfectamente lo que es auténtico y lo que es falso.

"La personalidad es un germen en el niño, que solo se desarrolla paulatinamente por y en la vida. Sin

determinación, totalidad y madurez, no se manifiesta ninguna personalidad. Estas tres condiciones no pueden ni deben ser propias del niño ya que defraudarían su niñez. Se convertiría en un adulto antinatural y prematuro, y la moderna educación ha producido, en efecto, semejantes monstruos, particularmente en aquellos casos en que los padres se dedicaban con verdadero fanatismo a hacer 'lo mejor' en beneficio de sus niños y 'vivir solo para ellos'. Este ideal tan frecuentemente preconizado impide a los padres evolucionar ellos mismos de un modo eficaz y los impulsa a imponer a sus hijos lo que los padres tienen de 'mejor'. Ese 'mejor' es, sin duda, aquello que los padres han descuidado también en ellos mismos. De este modo se incita a los niños a realizar esfuerzos que los padres jamás han realizado y se les inculcan ambiciones que sus progenitores nunca lograron. Semejantes métodos 'ideales' dan lugar a monstruosidades en materia de educación.

La educación en el área de la sexualidad va de la mano con todo lo expuesto anteriormente. Una educación sexual inadecuada es la que percibimos durante toda la vida de manera "informal", a través de los padres, la religión, la propaganda, etc., y es la que "niega la sexualidad" y que enfatiza que el sexo está relacionado con el pecado y es sucio por sí mismo; que la sexualidad es una actividad al margen de nuestra vida psíquica, que debe ser reprimida y debe hacerse a escondidas; Que el sexo va unido a la mala conciencia y que la delicadez, el sentimiento de honor, la decencia, la honradez, el refinamiento artístico y la filantropía son incompatibles con la vida sexual.

Todo esto da por resultado una represión sexual que somete a la mujer y propicia la incapacidad afectiva erótica del varón, que crea sentimientos de culpa y vergüenza. Es sumamente perjudicial porque aísla la sexualidad de otras formas de relación de pareja y del amor e incluso, daña el funcionamiento de la unión sexual pues estimula una vida sexual excesiva, degenerada y poco natural, llegando incluso a provocar repugnancia hacia lo sexual.

En las familias mexicanas, expresa la Dra. Carmen Soler Claudín, Directora del programa VIH/sida de la Secretaria de Salud del Distrito Federal: "Únicamente el 10 por ciento habla del tema de la sexualidad, lo que ha ocasionado que los jóvenes no estén educados en este sentido y se vean involucrados en graves complicaciones de salud, sociales y familiares, pues el mayor problema de este sector de la población es que no cuenta con acceso a los servicios y a la información de cómo prevenir el embarazo, lo que ha permitido destacar que entre 10 y 40 por ciento de las jóvenes solteras han tenido un embarazo no deseado, de los cuales, 14 por ciento termina en aborto" (157)

Como hemos expuesto en varias ocasiones, el sexo y la actividad sexual son tan naturales como cualquier otra parte o función de nuestro cuerpo. Por lo tanto, el comportamiento sexual, sea cual fuere, no tiene por qué ser considerado anormal o enfermizo. Es válido siempre que la persona se sienta cómoda realizándolo, que esté de acuerdo con su pareja, que no dañe a nadie y que los participantes lo hagan voluntariamente.

El miedo al conocimiento

Maslow afirma que existe un miedo general al conocimiento que él considera es defensivo, ya que constituye una protección de nuestra propia estimación, de nuestro amor y respeto por nosotros mismos. **Tendemos a asustarnos de cualquier conocimiento que pueda hacernos sentir desprecio por nosotros mismos, sentirnos inferiores**.

No pude evitar, al leer este párrafo, acordarme de Vivianne Hiriart cuando afirma que los jóvenes están ya saturados de escuchar acerca del sida, como menciono al comienzo de este escrito. De igual forma, vienen a mi mente las veces en que, programada una de mis charlas, los jóvenes han pasado de largo, no solo sin interés, sino aún con desgana; o la ignorancia que percibo en la mayoría de las personas, jóvenes o adultas, en referencia a la sexualidad y en particular a la problemática del VIH/sida. Conocer la realidad de esta problemática es muy dolorosa y da miedo ponerse en los zapatos de los que la sufren. Por tanto, prefieren no saber.

Regresando al concepto de conocimiento, este, por un lado, hace a la persona más sabia, más madura. Sin embargo, indagar en lo desconocido y lo inesperado, tiene en sí la posibilidad de convertirse en una amenaza que preferimos ignorar. Mientras no indago o conozco, mientras ignoro, no sufro, y este, el sufrimiento, en nuestra cultura occidental, hay que evitarlo a toda costa. Hay quien me dijo, en alguna ocasión, que no le daba miedo sufrir, sino que le incomodaba. ¡Qué buena manera de velar o evadir la realidad!

La falta de curiosidad puede también ser una defensa. "A menudo –dice Maslow- es mejor no saber, porque si de verdad supieras, tendrías que actuar y exponer tu seguridad" (pág. 99) Saber, además, va de la mano con responsabilizarse y esto no es nada fácil cuando desde niño se nos enseña a apoyarnos en los otros y a aceptar lo que los otros dicen que es la verdad.

"Todos los impulsos psicológicos y factores sociales – añade Maslow-   que contribuyan a aumentar el temor reducirán nuestro impulso por conocer". 158)

Más miedo aún da conocerse a sí mismo, porque desde siempre nos enseñaron a aparentar lo que no somos y adoptamos máscaras para sobrevivir. Darse cuenta que, bajo nuestra máscara de bondad, de perfección, de seguridad en nosotros mismos existe también un lado oscuro capaz de odiar, de agredir, de envidiar. Ver que no somos perfectos y que jamás lograremos alcanzar la perfección que desde niños se nos exigió. Por eso, innumerables personas evaden auto conocerse porque eso puede ser aterrador.

Riesgos: "a mí no me puede pasar"

Para los fines de este estudio es muy importante definir qué es riesgo, ya que esta actitud mental es la que está de por medio al momento de tener una relación sexual desprotegida o al usar una aguja contaminada.

El concepto de riesgo no es igual para todas las personas. Cae dentro del campo de la psicología y la cultura, ya que el riesgo no es percibido igual por un niño que por un adulto, por un hombre o por una mujer, por un individuo que trabaje en Wall Street o el que se sustenta gracias a la recolección de alimentos en las planicies de África.

La percepción del riesgo –afirma García Viveros- es una concepción mental o idea que se puede tener acerca de una amenaza o peligro pero que no necesariamente corresponde con la realidad, por lo cual, este concepto parte de una representación mental individual o colectiva, basada en la experiencia personal o de otra

persona capaz de influir en nosotros. Por lo tanto, esta interpretación puede variar de persona a persona, y de grupo a grupo aún dentro de la misma colectividad. (159)

Cuando hablamos de riesgo, nos proyectamos hacia el futuro que ya hemos visto, nos produce ansiedad y miedo puesto que es desconocido; para evadirlo echamos mano a una serie de tretas. De esta suerte, tratamos de no pensar en el riesgo que se basa en suposiciones, que cae dentro de ese futuro amenazante.

En el caso de las enfermedades de transmisión sexual, como se trata de algo que puede perjudicarnos e incluso hacernos perder la vida, de un futuro poco agradable, en contraposición con un momento presente de placer, de éxtasis, de olvido de una realidad que no nos gusta, se suele negar o racionalizar, por la necesidad de seguir viviendo una vida cotidiana que conocemos y que es, por tanto, más segura que ese mañana incierto [aquí podemos referirnos a la necesidad primaria de seguridad descrita por Maslow]

Esta negación –dice García Viveros citando a Mileti y Serensen- es conocida como el síndrome de "esto no me puede pasar a mí" (160)

Relacionado a este concepto, está la idea humana de sentirse deidad y de que, por el simple hecho de existir, se reconoce como un ser único e invulnerable que está más allá de las leyes ordinarias de la biología, de la naturaleza y del destino. Pero en algún momento de la vida, cuando la persona se enfrenta a una crisis o cuando algo malo le llega a pasar, lo expone a lo común, se siente vulnerable, se siente gusano y no Dios, como dice Maslow. Esto desafía su concepto de que la vida es eterna y reaccionará pensando que eso a ella no le puede pasar. Es muy difícil aceptar nuestra enorme vulnerabilidad pues, de cierta manera, el sentirnos indestructibles nos da aliento para avanzar en la vida que está llena de contratiempos.

El grado de auto estima, de aceptación de sí que tengamos, de responsabilidad hacia nuestra persona, será también de suma importancia en la toma de decisiones frente a un riesgo.

En una situación de riesgo intervendrá, por supuesto, la toma de decisiones: básicamente me arriesgo o no. Pero, ¿una libre elección es realmente libre? Maslow dice: "si el que escoge no está demasiado enfermo [no es psicológicamente sano] o asustado para hacerlo, la mayor parte de las veces escogerá sabiamente, en una dirección saludable y que apunte al desarrollo" (161)

El ser humano no es libre, aunque se nos diga que gozamos de "libre albedrío". De niño o de joven está sujeto a las leyes del hogar, con frecuencia incongruentes y autoritarias; luego las leyes de la escuela, de la sociedad, de la cultura, con las mismas características de inconsistencia y absolutismo, en una superposición eterna, de la niñez a la madurez, de los "debo o tengo que", porque así lo dice mamá, papá, el maestro, la religión, los mitos, las leyes, todos ellos llenos de incongruencias. ¿Qué más incongruencia hay, por ejemplo, en el hecho de que se afirme que tenemos libertad para decidir, que Dios nos dotó de "libre albedrío", pero a la vez se nos condene y se nos llene de culpas si utilizamos el condón o la píldora del día siguiente, desde el punto de vista de la iglesia católica?

15 ¿QUÉ PASA CON LA PERSONA QUE VIVE CON VIH?

Para empezar, la gran mayoría de las personas que viven con el virus del VIH ni siquiera saben que lo portan debido a que, por un lado, tarda unos 10 años en manifestarse, tiempo demasiado largo en el que pasan al "olvido" las prácticas de riesgo llevadas a cabo con anterioridad. **Y no es que la persona se olvide conscientemente, sino que evade inconscientemente la posibilidad de ser portador. La realidad es demasiado espantosa y pocos son los que la afrontan, ya que, como hemos visto, no son muchos los psíquicamente maduros o sanos en este mundo.**

De esta manera, aquellos que viven con el virus y lo ignoran, continúan teniendo prácticas no protegidas y contagiando a diestra y siniestra a cuantos tienen relaciones sexuales con ellos.

Entre los que sí saben que son portadores, se han presentado dos posturas: Por un lado, la de los que entran en una especie de nerviosismo, angustia o neurosis por miedo a contagiar a otros en el que están en juego sentimientos de culpa, el temor de dañar, la angustia ante la evidencia de la propia agresividad o destructividad, es decir, muestran responsabilidad social ante la posibilidad de ser factor de expansión de VIH. Y por el otro, la de los que se despreocupan en función del incremento de la omnipotencia y el placer de "jugar" con la muerte, de "torearla", pudiendo emerger, incluso, rasgos sádicos y/o vengativos muy marcados. Su responsabilidad social es mínima.

"Si pensamos, dice Perrés, que precisamente se trata de aquellos pacientes que, con su actividad promiscua, indiscriminada y totalmente compulsiva, constituyen la población de mayor riesgo, el tema es preocupante" (176). [Hay que tener en cuenta que se refiere mayormente a la población homosexual, que era la de mayor riesgo en 1991, año en que hizo esta ponencia. Hoy las cosas son diferentes, aunque las características de comportamiento humano, cualquiera que sea la manifestación de la diversidad sexual, son muy parecidas]

"A diferencia, continúa Perrés, de lo que se podría esperar desde el sentido común y los propósitos educativos, la actitud de algunos pacientes que sospechaban ser portadores del virus (...) **era de negar masivamente el problema y rechazar toda posibilidad de control y/o atención: 'Si tengo sida no quiero saberlo. Yo no voy a dejar de tener relaciones. Si a mí me llegan a**

contagiar ¿por qué me tengo que preocupar por los demás? Que se las arreglen como yo.

"En otros casos, el análisis acentuó el deseo naciente, tan ambivalente como conflictivo, de hacerse la prueba del sida. Sin embargo, curiosamente, el resultado negativo de dicha prueba, en vez de alegría provocó una terrible crisis en la pareja gay quien se sentía compelido a analizarse también sin querer hacerlo, aterrado de ser portador y reprochando duramente a su pareja por la presión ejercida. (177)

Sin duda aquí entran en conflicto el amor a la vida y el miedo a la muerte, las pulsiones descritas por Freud, y todas las angustias desatadas ante la incertidumbre de estar o no contagiados. **No solo es el temor a la muerte, sino que se juega, nada menos que con el poder de vida o de muerte sobre otras personas** [ante la impotencia de seguir vivo, al menos tengo poder sobre los otros ¡qué paradoja!]

"¿Aceptará fácilmente el paciente que se sabe portador del VIH que su vida sexual no puede ser la de antes? No se trata de pedirle, en forma ingenua, una renuncia definitiva a su sexualidad, la total abstinencia, sino de ver las distintas repercusiones del problema, tanto las 'internas', como las sociales. La solución aparente podría ser, para algunos, que la persona que se halle en esa circunstancia se relacione en forma sexual únicamente con otros pacientes portadores del virus [hoy sabemos que, en este caso, existe, de igual manera, la posibilidad de re contagio, aún más peligrosa que el contagio inicial; por tanto, ésta no es solución. Los pacientes que viven con VIH tienen que "cuidarse" igual o aún más que lo que no lo son]

"Ahí hay un problema: se trata de que el sujeto acepte la limitación, la castración, podríamos decir, y al mismo tiempo se someterse a la Ley, de romper con el 'morbo (...) ¿Una perpetua puesta a prueba que es la vivencia de la sexualidad perversa? En que se quedan atrapados sin fin" [Laplanche define la perversión como cualquier desviación del instinto (de la norma biológica), aunque Freud se refiere a los instintos sexuales] (178)

Ante la certidumbre de ser portador del virus cada sujeto reaccionará a partir de su propia estructura psíquica. No será lo mismo la respuesta de un neurótico que la de un perverso, ya que se está tocando la sexualidad más intrínseca a cada sujeto y el imaginario del sida no será nunca el mismo para cada uno de nosotros.

La pulsión de muerte, entendida no solo como agresividad hacia fuera, sino como "pulsión de la propia muerte", es agresividad hacia fuera que no es más que una derivación secundaria de la pulsión de muerte hacia sí mismo y por la que se intenta desviarla hacia fuera en un intento desesperado de preservar el equilibrio interno, constantemente amenazado.

Por tanto, el individuo portador del virus que es vindicativo en forma voluntaria o no, desde el punto de vista del párrafo anterior no expresa directamente la pulsión de muerte hacia afuera sino una derivación de la pulsión de muerte hacia sí mismo...

La pulsión de muerte, en este caso, implicaría "la sexualidad no ligada", la que cambia de objeto, que solo tiene como fin correr lo más rápidamente hacia la satisfacción y hacia el apaciguamiento completo de su deseo por las vías más cortas; ésta estaría relacionada con una actitud perversa. La pulsión de vida, en cambio,

apuntaría a la ligazón, teniendo que ver, por lo tanto, con los aspectos de la sexualidad que pretenden la conservación del objeto, así como del propio yo como objeto primario.

En relación con el primer aspecto, "El síntoma perverso constituye un 'acto perverso' que empuja al sujeto, de modo irrefrenable a buscar la satisfacción inmediata (...) la compulsión lo arrastra desbordando todas sus posibilidades de control ante el 'acto' (...) Es exactamente lo que cuentan algunos pacientes gais sobre sus encuentros en baños, lugares públicos, con desconocidos, en función tan solo de un intercambio de miradas sin palabras. **En ese momento, todo control consciente, toda precaución puede ser arrasada fácilmente por la urgencia que a su vez constituye el factor más gratificante, una verdadera sensación de "perderse", "arriesgarlo todo de una vez" (...) A ello se une el factor de la omnipotencia...esa fascinación por "estar jugando con la muerte".**

"Lo que mejor prueba esa acción de la pulsión de muerte (...) es el arrepentimiento y trasfondo depresivo posterior, casi habitual después del 'acto perverso' y la sensación de haber 'caído' nuevamente en su propia trampa, de ser indigno, de haberse 'humillado". (179)

16 CAUSAS PROFUNDAS. ASPECTOS SOCIALES

La sobrepoblación

En su libro *El zoo humano*, Morris describe cómo en la sociedad actual de "supertribus", es decir, de grandes conglomerados urbanos predominantes, el sexo se convierte en "un multifuncional supersexo". De hecho-dice-, "de todas nuestras actividades se ha convertido, a pesar de los peligros, en la más funcionalmente elaborada, con nada menos que diez categorías importantes" (180)

Dichas categorías van desde el sexo procreador que ocupa el primer lugar en las religiones cristianas y en grupos conservadores, pasando por el sexo que ayuda a la formación y la conservación de la pareja, el que responde a una necesidad fisiológica (masturbación), hasta el sexo casual no remunerado, el "one night stand" (encuentro sexual de una noche), tan famoso y cada vez más practicado en las sociedades industrializadas, hasta el inmemorial sexo remunerado que él denomina "comercial".

Como último tipo de relación sexual, describe el sexo de status que se refiere a la dominación y no a la reproducción, en el cual la hembra presenta una actitud de sumisión y el macho de agresión. Este tipo de sexo se da también entre muchos otros primates, siendo la violación su manifestación más extrema.

"No es ninguna casualidad – afirma – que, en la jerga legal, cuando un hombre "posee" sexualmente a una hembra reacia, se denomine a su acción "asalto indecente" (181). Se caracteriza, así mismo, por un alarde de parte del macho, ante otros de su mismo género, utilizando frecuentemente la palabra "conquista".

"Se trata de un intento desesperado del macho de resaltar su ego y cuanto más siente esta necesidad, más degradante y violento será el acto sexual que lleve a cabo. "Para la inmensa mayoría de los machos, estas medidas extremas son innecesarias. El grado de autoafirmación conseguido en la vida social, recompensa lo suficiente, pero bajo las fuertes presiones del status de la vida supe tribal, donde tienen que ser tan escasos los dominantes y tan numerosos los subordinados reprimidos, los pensamientos sádicos tienden, no obstante, a proliferar" (182)

El ser humano en la sociedad de nuestros días

Ya hemos visto cómo el mono desnudo, descrito por Morris, vive en constante estrés y angustia en el mundo moderno. Seguiremos estudiando cómo se desarrolla su personalidad en la sociedad contemporánea occidental, en la cual nos centramos porque a ella pertenecemos, según los diferentes psicoanalistas que ya hemos venido estudiando.

Para Freud, los hombres competirán siempre entre sí, por su tendencia innata a la destrucción y por la frustración de sus deseos instintivos que le impone la cultura, entre ellos, el deseo sexual que es el más importante. Toda su teoría sobre el sexo está concebida sobre la premisa antropológica de que la competencia y la hostilidad mutua son inherentes a la naturaleza humana.

El amor, en esencia, es deseo sexual y por su propia naturaleza es egoísta y antisocial; los sentimientos de solidaridad y de amor fraternal no son sentimientos primarios, enraizados en la naturaleza humana, sino deseos sexuales desviados.

Por tanto, **el cuadro de conflicto es inevitable entre civilización de un lado y salud mental y felicidad del otro. La vida social y la civilización están en oposición esencial con las necesidades de la naturaleza humana y el hombre se halla en la trágica alternativa entre la felicidad basada en la satisfacción ilimitada de sus instintos, y la seguridad y las realizaciones culturales basadas en la frustración de los instintos y, por tanto, conducente a la neurosis y a todas las otras formas de enfermedad mental.**

"De esta suerte, la cultura y la civilización se desarrollan en contraste cada vez mayor con las necesidades del hombre y llega así a la idea de "neurosis social" (183)

Fromm está convencido que la sociedad moderna está enferma y basa esta idea en datos recopilados en

Estados Unidos y Europa; llega a la conclusión que, en los países de Europa más democráticos, pacíficos y prósperos, y en los Estados Unidos, el país más próspero del mundo, se presentan los síntomas más graves de perturbación mental. De ahí se pregunta si no habrá algo fundamentalmente equivocado, en nuestro modo de vivir y en los objetivos por los que luchamos. En varias de sus obras estudia ese "algo" y finalmente, le da el nombre de "Patología de la normalidad" (184).

La salud mental del individuo depende de si en su vida logra primero, satisfacer sus necesidades básicas (las mismas de las que habla Maslow), y que para Fromm son aquellas que comparte con los otros animales: hambre, sed, sueño y apetito sexual. Si una de éstas no es satisfecha, la consecuencia es la enfermedad mental; si es satisfecha de una manera insatisfactoria –teniendo en cuenta el carácter de la existencia humana- la consecuencia es la neurosis, ya sea manifiesta, o en forma de un defecto socialmente modelado.

Aquí cabe especificar la diferencia entre la perturbación mental individual y la social: si algún individuo no comparte los defectos y las virtudes de la sociedad en que vive, podrá considerársele, afectivamente, "defectuoso" o aún perturbado mental; en tanto que, si las comparte, se le considerará "normal", ya que sus defectos son socialmente moldeados y aceptados, por más que esa persona haya alcanzado la libertad, la espontaneidad y la expresión auténtica. Paradojas de nuestra sociedad.

El hombre, sin embargo, tiene otras necesidades específicas de su especie que nacen de su condición de humano: La necesidad de relación, de trascendencia, de arraigo; la de un sentimiento de identidad y la de un marco de orientación y devoción. Sin embargo, la solución a sus necesidades es extraordinariamente compleja y depende de muchos factores; entre ellos, y de suma importancia, es el de cómo su sociedad está organizada y el que esa organización determina las relaciones de los que viven dentro de ella, como someramente hemos expuesto líneas arriba.

De esta forma, afirma: **"La salud mental se caracteriza por la capacidad de amar y de crear, por la liberación de los vínculos incestuosos con el clan y el suelo, por un sentimiento de identidad basado en el sentimiento de sí mismo como sujeto y agente de las propias capacidades; por la captación de la realidad interior y exterior a nosotros, es decir, por el desarrollo de la objetividad y la razón"** (185)

Las necesidades y pasiones que nacen de la existencia humana incluyen la imperiosa de vincularse con otros seres vivos, de evitar la "separatividad" que lo angustia. Esta necesidad está detrás de todos los fenómenos que constituyen la gama de relaciones humanas íntimas, de todas las pasiones que se llaman amor en el sentido más amplio de la palabra.

El hombre moderno está enajenado de sí mismo, de sus semejantes y de la naturaleza. Dentro del sistema capitalista predominante, se ha transformado en un artículo y las relaciones humanas son, esencialmente, las de autómatas enajenados, en las que el individuo basa su seguridad en mantenerse dentro del rebaño, obedeciendo sus reglas, sin atreverse a experimentar su propio yo o su libertad. (186).

En su obra *El miedo a la libertad*, expresa, de manera clara y precisa, la evolución del hombre dentro de nuestra cultura y el porqué de sus angustias. Algunos de estos conceptos ya han sido revisados anteriormente.

El hombre- dice- teme más que nada el aislamiento o "separatividad" y tiene en sí un impulso de fusión. Ese sentido de pertenencia es tan "compulsivo" porque solo rodeado de otros podrá cobrar conciencia de su propia "individualidad".

El proceso de individualización se inicia desde la infancia cuando el niño va tomando conciencia de que él y la madre no son el mismo ser, cuando empieza a liberarse de sus instintos básicos de supervivencia. **La individualización es necesaria, porque tarde o temprano tendrá que enfrentarse al mundo en forma individual, pero esta separación también da lugar a sentimientos de soledad que a menudo le causan angustia y sentido de impotencia.** De ahí que, de una u otra manera, busque siempre pertenecer a un grupo familiar, social o religioso para no sentirse solo, ya que esa soledad lo lleva a interrogarse acerca de su papel en el universo y sobre el significado de su vida, lo cual crea en él un sentimiento de impotencia e insignificancia que puede ser aterrador.

Ahora bien, si la situación económica y social en la que vive no le ofrece una base sólida para perseguir su individualización, le entrarán dudas y sentirá que su vida carece de significado. A partir de ahí, tenderá a la sumisión que, aunque lo priva de su libertad, al menos le da seguridad.

En la sociedad medieval el hombre pertenecía siempre a un grupo (quizás un gremio) y cada uno tenía desde el nacimiento hasta la muerte, un papel asignado según el orden natural. Esto, aunque paralizante, sí le daba una sensación de abrigo. La persona no existía todavía como individuo y seguía atada a su grupo por vínculos primarios. La ética de la vida era que los intereses económicos se subordinaban a la salvación del alma y la conducta económica, como todas las demás, estaba sometida a las reglas de la moralidad. Dentro de esto, por ejemplo, buscar más riqueza no era ser emprendedor, sino avaro.

Con el Renacimiento en Italia se inicia el proceso de individualización, gracias al surgimiento de la burguesía adinerada con espíritu de poder y ambición, cuya riqueza les proporcionaba un sentimiento de libertad y la fama les daba sentido de vida pues a través de ella se podían hacer inmortales e indestructibles. Surgieron los monopolios y los gremios fueron perdiendo poder. Sin embargo, en el proceso, perdieron el sentimiento de pertenencia a un grupo.

Incluso el tiempo cambió de sentido, pues empezaron a tomar en cuenta las horas empleadas en producir algo y de ahí surgió la "eficiencia" como una alta virtud moral. El hombre cada vez se encontraba más solo, pues su vida dependía de su esfuerzo y no de la seguridad de su posición tradicional. El papel creciente del capital, del mercado y de la competencia condujo a una situación de aislamiento, inseguridad y angustia entre las personas. Su relación con otros (que son la competencia) se tornó lejana y hostil.

Es en este momento que aparece el movimiento de Reforma con Lutero y Calvino que tuvieron una influencia aún mayor en la formación del hombre moderno.

En épocas anteriores la iglesia católica había afirmado que la naturaleza humana, aunque corrompida por el pecado de Adán, tenía una tendencia innata hacia lo bueno. A través de su voluntad el hombre podía desear lo bueno, actuar bien y alcanzar su salvación, dependiendo todo de la voluntad de Dios.

A partir de la Reforma, el individuo adquirió cada vez más independencia frente a las autoridades, pero a la vez un mayor aislamiento y un mayor sentimiento de insignificancia ya que, según las enseñanzas de Lutero, por ejemplo, había una maldad innata en la naturaleza humana; el hombre era un ser insignificante que tenía la necesidad de subordinarse siempre a un poder superior que, en principio, es Dios. Solamente si se humillaba a sí mismo, anulando su voluntad y orgullo individuales podría, quizás, ser elegido de entre los muertos para recibir la gracia de Dios, siempre y cuando tuviera fe, renunciara y condenara su fuerza individual, o sea, anulara su sentimiento de dignidad. Jamás podría ser enteramente virtuoso, porque era malo por naturaleza y siempre tendría la duda de si se salvaría o no.

Con esta ideología, el ser humano queda preparado para aceptar un papel en el cual su vida se transformaría en un medio para fines externos: la productividad económica y la acumulación de capital.

Calvino fue más allá al afirmar que la condenación o la salvación no dependen del individuo, sino que son predestinadas por Dios aún antes de nacer. Dios era un tirano desprovisto de amor y justicia. Ante esto, no había duda: hiciera lo que hiciese, su destino estaba fijado. Para él había dos clases de hombres: Los que estaban destinados a ser salvados y los que no. Negaba así el principio de igualdad del género humano y dio lugar a uno de los principios de la filosofía nazi.

El trabajo intenso y alcanzar el éxito eran signos de la gracia divina y el fracaso, de la condenación... De esta manera, la actividad no estaba dirigida a crear un fin deseado, sino que servía para indicar si ocurriría o no algo que ya estaba predestinado por Dios. "Este énfasis sobre la insignificancia y la perversidad del individuo implica que no hay nada que le debiera agradar y respetar de él mismo" (187)

El nuevo sistema industrial con base en el protestantismo, aumentó su libertad, pero creó, al mismo tiempo, una nueva dependencia: **el hombre moderno está preso por la imposición de lo que los otros piensan. Perdió su capacidad de tener fe y es preso de lo que sea comprobable dentro de la ciencia y de su terror a ser diferente a los demás.**

En la era moderna, el hombre **construye un mundo de autos, casas, etc., del cual está cada vez más alejado, un mundo que no le pertenece, que se ha salido de su control y él, ahora, es esclavo de ese mundo. Mantiene la ilusión de ser el centro del universo y, sin embargo, cada vez se siente más insignificante e impotente, al igual que sus antepasados se sentían frente a Dios.**

En este fenómeno de extrañamiento, lo más destructivo es la relación del individuo con su propio yo. Este hombre no solo vende mercancías, sino que se vende a sí mismo y se considera una mercancía más. Y si no cumple con los requisitos del mercado, de ser agradable, creyente, profesional, etc., simplemente "no existe", carece de valor económico. No es capaz de darse cuenta de su propia valía pues vive en función de lo que la sociedad espera de él, convertido en mercancía pierde su dignidad y sin ésta, efectivamente, no vale nada.

De este modo, la confianza en sí mismo, el "sentimiento del yo" es tan solo lo que los otros piensen de él. Toda esta situación contribuye a un sentimiento de pequeñez e impotencia, unido a la amenaza constante de guerra, desocupación, abandono en la vejez; la inmensidad de las ciudades y el bombardeo acústico, etc.

Ante estos sentimientos de pequeñez e impotencia, se aterra y trata de evadirlo trabajando hasta el cansancio, pero principalmente, sometiéndose a un líder o presentando el conformismo compulsivo que hoy prevalece. **Dentro de esta estructura social, como ya hemos visto, se considera normal a aquella persona que presenta una buena adaptación a las costumbres y es socialmente eficiente, es decir, ha perdido su verdadero**

yo y no sabe quién es en realidad. En tanto que el anormal es el que expresa su personalidad de manera creativa, que no se atiene a los cánones sociales y que busca la salvación en la autenticidad hacia su yo.

Tenemos, en el mundo actual, aquellas personalidades autoritarias a quienes les fascina el poder *per se* y gustan de humillar a otros; esas son características de una personalidad patológica llamada sadismo. Otros se conforman con ser parte de un rebaño, necesitan un líder, no saben hacer uso de su libertad porque ésta, incluso, les asusta. Y estos son los masoquistas que en su insoportable sensación de soledad intentan superarla despojándose (olvidándose) de su yo (como entidad psicológica, no fisiológica) y el medio del que se valen es el sufrimiento y la reducción a la insignificancia total; con esto, jamás llegarán a conseguir lo que quieren, que es la paz interior. Sin embargo, sí ganan la seguridad que anhelan y se salvan de la necesidad de tener que tomar decisiones y de asumir la responsabilidad final de su yo. Ambos impulsos -dice Fromm- ayudan al individuo a evadirse de su insoportable sensación de soledad e impotencia.

En nuestra sociedad de "libertad y democracia", esos elementos de insignificancia e impotencia prevalecen, originándose desde muy temprana edad, cuando el niño inocente y con grandes deseos de saber la verdad sobre todas las cosas, no es tomado en serio; los padres, poco a poco, lo van acondicionando, van eliminando su espontaneidad, sustituyendo sus primeros sentimientos por emociones y pensamientos impuestos desde afuera. Posteriormente en la escuela, se refuerzan estos patrones. Así, el niño empieza a eliminar de su repertorio la expresión de todos y cada uno de sus sentimientos.

Se le enseña, así mismo, a no reparar en la falta de honestidad de los demás, aunque sí tiene la capacidad innata de advertir cualidades negativas en los otros. A adoptar y expresar sentimientos que no son suyos. Por ejemplo, a aparentar simpatía, a sonreír a las personas, aunque en el fondo no lo desee. En general, en nuestra sociedad, se desaprueban las emociones, pero como no pueden ser eliminadas por completo, se las mantiene separadas del aspecto intelectual de la personalidad. **En especial, hay que eliminar la emoción del sentido de lo trágico, es decir, la toma de conciencia de la muerte y del sufrimiento inherente a la vida. El cristianismo en especial, niega la muerte y promete una vida en el más allá. Sin embargo, negar la muerte no elimina el miedo a ella, pues la vivimos todos los días.**

El hombre, con todo esto, queda insatisfecho pues en él alberga una necesidad de conocer la verdad, empezando por la verdad sobre sí mismo que es de suma importancia, porque tendrá más vigor en la medida en que más se conozca. Así, vive bajo la ilusión de saber lo que quiere, cuando en realidad, desea únicamente lo que se supone que socialmente debe desear.

La dificultad en dilucidar si lo que pensamos o deseamos es verdaderamente nuestro o si es socialmente introyectado, está muy relacionada con el problema de la libertad y de la autoridad. **Como sí nos hemos liberado ya del autoritarismo manifiesto y vivimos en "democracia", no nos damos cuenta de que ahora somos presa del nuevo tipo de poder del capitalismo que nos transforma en autómatas viviendo bajo la ilusión de ser individuos dotados de libre albedrío.**

El hombre moderno está hambriento de vida, pero como se siente autómata, no puede experimentarla como actividad espontánea y acepta cualquier cosa que le pueda causar excitación: bebidas, alcohol, [¿sexo?]

En su obra *Ética y psicoanálisis*, va más allá y expresa lo siguiente:

"Quisiera dejar establecido que la relación entre la sociedad y el individuo no debe entenderse simplemente en el sentido de que los patrones culturales y las instituciones sociales ejercen su 'influencia' sobre el individuo. La interacción es mucho más profunda; la personalidad total del individuo término medio es modelada por el modo con que se relacionan los individuos entre sí y está determinada por la estructura socioeconómica y política de la sociedad" (188)

La necesidad de conformarse y de agradar a otros, continúa más adelante, es la raíz de la sutil receptividad del hombre moderno y se manifiesta en su actitud hacia el "experto" y la opinión pública. Los individuos esperan que en cada terreno de las distintas actividades haya un experto que les diga cómo son las cosas, ya que están tan acostumbrados a que les digan cómo solucionar problemas que dejan de recurrir a su interior para buscar respuestas.

En nuestra cultura, buscar los intereses de nuestro yo es considerado como egoísmo, como hemos visto. De esta suerte, la gente que se ocupa de su interés propio está mal vista, pero la paradoja es que, en realidad, no se ocupa de su verdadero yo, no se ama a sí mismo.

Así, Fromm afirma: "El factor más importante es quizá la insatisfacción interna del hombre moderno respecto al resultado de su persecución del 'interés propio'. La religión del éxito [material] se está desmoronando y convirtiéndose en una nueva fachada. Los 'espacios abiertos' sociales se estrechan cada vez más; las esperanzas frustradas de un mundo mejor después de (...) la Segunda Guerra Mundial [y las muchas otras guerras posteriores que de manera directa o indirecta nos afectan] y la inseguridad resultante sacuden la fe en la persecución del interés propio. Aparte de estos factores, el mismo culto del éxito ha fracasado en satisfacer el impulso inextirpable del hombre por ser él mismo. Al igual que tantas fantasías e ilusiones, también ésta cumplió su función durante cierto tiempo solamente (...) Existe un número constantemente creciente de individuos para quienes todo lo que están haciendo les parece fútil. Siguen aún bajo el encanto de aquellos lemas que predican la fe en el paraíso secular del éxito y de la fama. Pero la duda, condición fecunda de todo progreso, ha comenzado a asediarlos, poniéndolos así en disposición de inquirir cuál es su verdadero interés como seres humanos" (189)

"El hombre está capacitado para conocer la verdad y es capaz de amar, pero si está amenazado —no precisamente en su cuerpo físico, sino en su totalidad como persona - por una fuerza superior (...) su mente será afectada; sus operaciones se deforman y paralizan. El efecto paralizador del poder no depende solamente del temor que origina, sino igualmente de una promesa implícita, la de que aquellos que están en el poder puedan proteger y hacerse cargo del 'débil' que se somete a él; que ellos pueden librar al hombre de la carga de incertidumbre y de responsabilidad para consigo mismo, garantizando el orden y asignando al individuo un lugar en este orden que lo haga sentirse seguro [paternalismo, herramienta de dominio].

"La sumisión del hombre a esta combinación de amenaza y de promesa es su verdadera *'caída'*, [ya que] pierde su poder para hacer uso de aquellas capacidades que le hacen verdaderamente humano; su razón deja de actuar (...) Pierde su poder para amar porque sus emociones están sujetas a aquellos de quienes depende. Pierde su sentido moral porque su incapacidad para indagar y criticar a quienes se encuentran en el poder

179

embota su juicio moral. [Se pierde a sí mismo, pierde la dignidad]

"Nos hallamos sometidos a un poder que no es el de un dictador (...) sino al poder anónimo del mercado, del éxito, de la opinión pública, de [la falta de sentido común]

"Nuestro problema moral es la indiferencia del hombre consigo mismo (...) hemos hecho de nosotros mismos instrumentos de propósitos ajenos (...) nos experimentamos y nos tratamos como mercancías y nuestros propios poderes se han evadido de nosotros. El resultado es que nos sentimos impotentes y nos despreciamos a causa de nuestra impotencia". (190)

Uno de los rasgos psicológicos de la vida moderna es el hecho de que las actividades que constituyen medios para lograr fines ocupan un primer lugar en tanto que los fines en sí poseen una existencia irreal y sombría. Los individuos trabajan con el fin de hacer dinero; hacen dinero con el fin de disfrutar cosas agradables. El trabajo es el medio y el goce es el fin. Pero en realidad trabajan con el fin de hacer más dinero y emplean este para hacer aún más dinero y con ello, el goce de la vida se pierde de vista... Las personas viven deprisa e inventan cosas con el fin de disponer de más tiempo y emplean ese tiempo ganado en la tarea de ganar más tiempo hasta que están tan exhaustos que no pueden emplear el tiempo que han ganado.

"Esa enajenación y automatización conducen a un desequilibrio mental cada vez más acentuado. La vida no tiene sentido, no hay alegría, ni fe, ni realidad. Todo el mundo es 'feliz', salvo que no siente, ni razona, ni ama" (191)

"En realidad, parece que no obstante la prosperidad material y la libertad política y sexual, el

mundo de mediados del siglo XX [¿Y qué hay del siglo XXI? ...aún peor creo yo] está mentalmente más enfermo que el de mediados del siglo XIX. Ciertamente 'no corremos el peligro de convertirnos en esclavos [aunque está comprobado que la esclavitud sigue existiendo a gran escala en este siglo XXI], sino de convertirnos en autómatas' (...) No nos sometemos a ninguna personalidad, no tenemos conflictos con la autoridad, pero tampoco tenemos convicciones personales propias, casi no tenemos individualidad, casi no tenemos sensación de nuestra identidad" (192)

"Hemos llegado a una fase de individualización, que solo la persona madura plenamente desarrollada puede hacer un uso fructífero de la libertad; si el individuo no ha desarrollado su razón y su capacidad de amor, es incapaz de soportar el peso de la libertad y de la individualidad, e intenta huir hacia ataduras superficiales que le proporcionan la sensación de vinculación y arraigo [En esto coincide también con Maslow y recordemos que él considera que solo el 1 al 2 por ciento ha alcanzado esa maduración] o huye de sí mismo por medio de las drogas, el alcohol o las relaciones sexuales orgiásticas" (193).

De ahí se sigue que la salud mental no puede definirse como "adaptación" del individuo a su sociedad, sino que, por el contrario, se la debe definir como adaptación de la sociedad a las necesidades del hombre (...) Una sociedad sana desarrolla la capacidad del hombre para amar a su prójimo, para trabajar creativamente, para desarrollar su razón y su objetividad, para tener un sentimiento de sí mismo basado en sus propias capacidades productivas. Una sociedad insana es aquella que crea hostilidad mutua y recelos, que convierte al hombre en un instrumento de uso y explotación para otros, que lo priva de un sentimiento de sí mismo, salvo en

Rosa Feijoo Andrade

la medida en que se somete a otros o se convierte en un autómata" (194)

Carl Rogers, en su libro *Grupos de encuentro*, expresa lo siguiente: **"Creo que en la actualidad, es probable que los individuos tengan mayor conciencia de su soledad interior que en ningún otro momento de la historia...Cuando uno se afana duramente por ganar el sustento, sin saber cuál será la fuente de su próxima comida, tiene escaso tiempo o ganas como para descubrir que, en algún sentido profundo, se encuentra alienado con los demás; pero a medida que aumentan la prosperidad, la movilidad y el desarrollo de sistemas interpersonales cada vez más transitorios, en lugar de la vida reposada en el pueblo natal de los antepasados, los hombres se percatan más y más de su soledad.**
"A esto pueden contribuir muchos factores: la impersonalidad general de nuestra cultura, su carácter transitorio, su anomia, elementos todos ellos de una soledad que se acentúa tanto más cuanto más aglomerados estamos.
"La soledad (...) es más aguda e intensa en el individuo que, por una u otra razón, despojado de algunas de sus defensas habituales se ha percatado de que posee un sí mismo vulnerable, atemorizado y solitario, pero real, cuyo rechazo por parte de un mundo predispuesto a la evaluación crítica es seguro. (195)
"Una sociedad que parece oponerse cada vez más al cambio y no valora la libertad individual, de pensamiento y de expresión". (196)

"Durante la guerra –añade - Cuando los hombres están sujetos a la amenaza de una muerte inminente, se produce con frecuencia la revelación del sí mismo

verdadero" [y con ello la sensación de soledad, según afirma en el mismo libro] 197)

Alan Watts, en su libro *La sabiduría de la inseguridad*, tras presentar el hecho de que los seres humanos han perdido contacto con la naturaleza, con su sabiduría interna, y cada día dependen más de los instrumentos externos, presenta otro aspecto de la civilización moderna: **"Los deseos humanos tienden a ser insaciables. Estamos tan deseosos de placer que nunca podemos tener suficiente. Estimulamos nuestros órganos sensoriales hasta que se vuelven insensibles, de modo que para que continúe el placer, los estimulantes deben ser cada vez más fuertes.**

"Este es el motivo de que la civilización moderna sea, en casi todos sus aspectos, un círculo vicioso. Tiene apetitos insaciables porque su forma de vida condena a una frustración perpetua (...) cuya raíz es que vivimos para el futuro y el futuro es una abstracción, una inferencia racional que existe solo para el cerebro. La 'conciencia' primaria, la mente básica que conoce la realidad más que las ideas acerca de ella, no conoce futuro. Vive por completo en el presente.

"En general, el hombre civilizado no sabe lo que quiere. Trabaja para el éxito, la fama, un matrimonio feliz, la diversión, para ayudar a otros o para ser 'una persona auténtica'. Pero esas no son necesidades auténticas, porque no son cosas reales, sino los productos secundarios." (198)

En referencia a estos aspectos sociales, el profesor Richard Wilkinson, de la Universidad de Susex y miembro del programa Darwin en la Escuela de Economía de Londres, ha hecho estudios para descubrir si la salud y la enfermedad reflejan la interacción del ser humano y su entorno, y llegó a la conclusión de que muchos de los procesos biológicos que conducen a la enfermedad se desencadenan, no solo por contagios, virus, microbios, etc. sino por lo que pensamos y sentimos acerca de nuestras circunstancias sociales y materiales.

De esta manera, descubre que las personas que se encuentran más arriba en la jerarquía social tienden a ser más sanas que las que pertenecen a posiciones inferiores, debido, en parte, a que la situación económica de éstos no les permite una buena alimentación o a que las condiciones en que viven pueden no ser higiénicas, **pero también en gran proporción al estrés y la angustia que causa vivir, precisamente, en una sociedad jerarquizada, en la que soportan diariamente discriminación, dominio, conflicto y sumisión.**

"Lo que más importa —afirma-, por lo menos desde el punto de vista de la salud en las sociedades modernas, es el bienestar psicosocial y la calidad del entorno social. Esto no quiere decir que los efectos directos de los factores materiales no sean importantes; se trata más bien de reconocer que los efectos psicosociales indirectos de una relativa privación son sorprendentemente poderosos ". (199).

Y añade: "en virtud de que todos tenemos las mismas necesidades, los otros miembros de nuestra propia especie son nuestros más temibles competidores [esto ya fue mencionado en la sección de biología-evolución de este estudio] en lo que se refiere a vivienda, empleo, pareja sexual, comida, ropa, etc. Pero, al mismo tiempo, son también nuestra única fuente de asistencia, amistad, ayuda, aprendizaje, cuidado y protección. Esto significa que la calidad de nuestras relaciones sociales ha sido siempre vital para nuestro bienestar material" (200)

Teniendo en cuenta estas observaciones, llega a la conclusión de que, entre los países desarrollados, los que tienen una mayor esperanza de vida son los más igualitarios, no los más ricos. **"En las sociedades insólitamente igualitarias y sanas, se observó que también eran insólitamente cohesionadas" (201) y como ejemplo de ellas cita a las sociedades de recolectores que aún existen en nuestros días y no, precisamente, a las de los países más desarrollados en un sentido económico. Por el contrario, el sistema socioeconómico de éstos permite una jerarquización mayor que va de la mano con una reducción de la camaradería y la cohesión correspondiente, así como un aumento de la discriminación y falta de respeto de las clases altas hacia las más bajas. Esto, a su vez, produce una serie de estados psicológicos específicos, como pueden ser una baja autoestima, hostilidad, impotencia, depresión y "baja satisfacción de la vida" que son indicios de una mala salud psicológica y fisiológica.**

De esta forma, tenemos otra explicación acerca de los estados de ánimo específicos que se dan entre las personas en sociedades jerarquizadas como la nuestra o como la de la mayor parte del mundo que, de ninguna manera ayudan a que el individuo se sienta bien consigo mismo, se respete, tenga una buena auto estima y, por lo tanto, amor por sí mismo y se responsabilice de sus actos.

Por su parte, Víctor Frankl, en su libro *Psicoterapia al alcance de todos*, hace un análisis de nuestra sociedad y afirma que hay varios síntomas de la enfermedad espiritual de nuestro tiempo:

1.- **El fatalismo**: Temor y miedo a la responsabilidad que se ven aumentados por la creencia en el poder de un destino. Si el destino domina mi vida, para qué luchar, para qué esforzarme.

2.- La actitud provisional ante la existencia: El hombre que vive al día se deja llevar más por los impulsos, renuncia a construir a largo plazo una vida digna de ser vivida, digna de un ser humano y solo piensa en saborear el momento presente, se olvida de su pasado sin tener en cuenta que él, como individuo, es también su pasado, su presente y lo que proyecte a su futuro, sus esperanzas, sus anhelos, su sentido de vida.

3.- El pensamiento colectivista: La sociedad de sobrepoblación en la que vivimos se contrapone al individualismo. Es muy difícil ser uno mismo si vivimos dentro de esa masa humana que nos absorbe. El individuo no puede desarrollar la personalidad humana, ni siquiera la individualidad. La masa no acepta la individualidad, pues ésta solo le causa molestias. Por ello, lucha contra las individualidades, las oprime, les roba su libertad, se las recorta a favor de la igualdad, se amenaza su libertad.

"¿Cómo llega el hombre, el hombre medio de hoy, que se caracteriza –por no decir está marcado- por los síntomas neuróticos de la humanidad actual, a caer en un modo de pensar colectivista? ...Sobre todo, porque le tiene miedo a la responsabilidad y ésta es siempre muy personal (...) *No se introduce en la masa, sino que se hunde en ella, se renuncia a sí mismo como persona"* (202)

Nuevamente en su obra *Realidad del alma*. Jung dice que el hombre colectivo amenaza con ahogar al individuo, sobre cuya responsabilidad descansa al fin y al cabo toda obra humana. La masa como tal, siempre es anónima e irresponsable.

¿Quién logra resistir ese poder de atracción que lo inmola todo, en el que el individuo se apoya sobre otro y este arrastra consigo a aquel? Solamente lo consigue quien vive no solo en el mundo exterior, sino también en el interior

4.- El **fanatismo**: Otra enfermedad de nuestro tiempo que tiene relación con el colectivismo: mientras que la persona con un pensamiento colectivista olvida su propia personalidad, el fanático pasa por alto la personalidad de los individuos que no piensan como él, no admite un modo de pensar distinto al suyo; lo único que acepta es su propia opinión. Pero el fanático ni siquiera tiene una opinión propia, sino que la opinión colectiva lo posee a él. Muchos de los gobernantes o dirigentes de instituciones políticas o religiosas tienen estas características. Así, la opinión pública proveniente de la masa fanatizada, lleva a cabo en una reacción en cadena sumamente peligrosa.

La publicidad

Muchos de los autores citados se refieren a este tema, al que dan enorme importancia en referencia a las condiciones de salud existencial en nuestra vida actual. Repasaremos algunas de sus opiniones:

Entre los múltiples problemas que el ser humano enfrenta en nuestros días, además de los ya señalados y asociados a ellos, está el de la propaganda pro sexual exagerada, que puede hacer que las personas en edad reproductiva consideren que la elevada intensidad de la vida sexual de la fase inicial de formación de pareja, se perpetúe años después, lo cual es una distorsión de la realidad.

Los medios de comunicación en masa son fuentes de introyección y de ahí su peligro. La aculturación del ser humano se inicia, ya hemos visto, con la introyección de los mensajes paternos. Posteriormente, seguimos adoptando valores, creencias y actitudes procedentes de nuestro entorno. La publicidad, por tanto, introduce en la psique de cada ciudadano, diariamente una serie de tendencias reactivas que no achacaría jamás a otra fuente que no fuera su propia capacidad de autodeterminación, es decir, se introyecta de tal manera que la persona llega a ser incapaz de distinguir entre lo que es introyección y lo que es su propio pensamiento.

El anuncio sexual es amenazador, sucio y triste — dice Ackerman. Uno encuentra en ese "erotismo" la impronta de la muerte.

Las imágenes sexuales más sutiles venden productos que no tienen absolutamente nada que ver con ella. ¿Por qué ocurre esto? Una posible respuesta es que como el estímulo sexual ha ido imponiéndose cada vez más, hasta en revistas respetables, para lograr resultados de mercadotecnia, han tenido que ir inventando imágenes cada vez más explícitas, ya que el ojo humano a todo se acostumbra; en este caso, se produce una especie de apatía después de ver repetidamente a la sexualidad como una moda.

La desnudez nos resulta ya tan familiar que cada vez se requieren formas más salvajes para excitarnos; así, se recurre a escenas sadomasoquistas, exhibicionistas y otras imágenes anteriormente consideradas perversas. Lo triste es que se confunden esas imágenes agresivas con el verdadero sexo, y tienen más que ver con el poder, la rabia y la dominación.

Según Ackerman, para que la perversión sea eróticamente excitante, la persona tiene que sentir que está cometiendo un pecado.

188

Los seres humanos necesitan tabúes que, en un principio, sirven para guiarnos, especialmente a los más jóvenes, para que actúen de un modo ético o socialmente conveniente. Sin embargo, se excitan más cuando más arriesgan o fingen arriesgarse. (203)

Víctor Frankl encuentra una fuerte relación entre el vacío existencial y algunos comportamientos criminales y la drogadicción. Nos advierte que la violencia, el uso de drogas y otros comportamientos negativos, mostrados diariamente en la televisión, las películas y aún la música, solo convencen a las personas que tienen un gran vacío existencial, que sus vidas solo pueden "mejorar" imitando a los "héroes" de los medios. Sugiere que incluso los deportes impulsan la agresión.

Tenemos, por otro lado, la propaganda anti sexual que también distorsiona, que presenta a la relación sexual como algo sucio, pecaminoso, lo cual solo conduce a sentimientos de culpa, a más angustia y tensión. **La relación sexual es inevitable entre personas en edad reproductiva; como hemos visto, se relaciona con nuestro sentido de vida, con nuestro desarrollo evolutivo y preservación de la especie durante siglos, con nuestro anhelo de unión. De esta forma, por más que se prohíba, se seguirá realizando, pero a escondidas, de manera rápida, con angustia, sin responsabilidad, porque en esos momentos ni siquiera podemos pensar con claridad.**

Y finalmente, las declaraciones de Klaus Werner: "Los mensajes publicitarios de las empresas, valiéndose de modernas tácticas de comunicación, han asumido el papel de quienes tradicionalmente ayudaban a mejorar los sentidos (las escuelas, las iglesias, las comunidades sociales y las instituciones culturales) El adquirir una marca transporta a los compradores hacia un mundo imaginario;

tienen la sensación de que realmente comparten con otros los valores y significados creados por los diseñadores [Por ejemplo] IBM no vende computadoras, sino 'soluciones'...Y el hecho de que las computadoras, las zapatillas o los jeans se fabriquen pagando sueldos de hambre, pasa a un segundo plano". (204)

De hecho, opino, al comprador ni siquiera le importa, ni siquiera lo piensa. Somos robots dirigidos por la publicidad de las grandes empresas. Nuestro cerebro ha sido anulado.

Papel de las instituciones civiles o religiosas

Durante siglos el Estado ha normado y controlado la sexualidad, por medio de leyes que rigen la edad legal para casarse, la ilegalidad o legalidad de la prostitución, si se imparte o no en las escuelas enseñanza sobre la reproducción y la sexualidad humana, etc.

Según Carole Vance, el interés del Estado en normar la sexualidad y la salud ha sido intermitente. "El Estado se involucra para alentar o desalentar el aumento de la población, para fines militares o de colonización. Diseña leyes sobre el matrimonio, la edad para casarse, impuestos y penas que privilegian formas de contacto sexual y reproducción, desalentando otras, de acuerdo con criterios discriminatorios sobre clase, casta y raza. "Así, por ejemplo, en la Alemania nazi se igualaba un individuo fuerte y puro con una familia fuerte y pura y con una nación fuerte y pura. Sin embargo, esto no es exclusivo del fascismo y se encuentra en muchos desarrollos nacionales. La exhortación a la salud involucra conductas y regímenes sexuales, no solo para crear individuos sanos, sino para crear naciones simbólica y sexualmente puras, limpias, no corrompidas. En Gran Bretaña y Estados Unidos, muchas políticas de 'higiene' describían a 'los buenos ciudadanos' de acuerdo con su apropiada conducta sexual y de género. Estos esfuerzos por mantener la pureza sexual nacional, también trazan fronteras entre lo interno y lo externo. Los ciudadanos propios y 'los otros', desviados externos, ya sean grupos culturales dentro de la nación o extranjeros peligrosos en la frontera. La noción de pureza sexual y su conexión con el nacionalismo facilita movilizaciones políticas en donde la patología sexual, la enfermedad y la deslealtad definen al enemigo" (205)

El estigma afecta directamente la capacidad de los gobiernos para responder eficazmente a problemas de toda índole. Además, enfrentan el problema de presupuestos deficientes al nivel país y al nivel internacional. De esta suerte, en México, el periodista Jenaro Villamil, hizo resaltar, en la mesa redonda VIH/sida y Derechos Humanos, realizada en la ciudad de México en mayo de 2003, la autocomplacencia que se percibe en los informes de las autoridades de la Secretaría de Salud y de CENSIDA, que consideran a la epidemia "concentrada" y con una tendencia a la "estabilización".

"Este diagnóstico, añade, ha derivado en otra de las grandes fallas de las políticas públicas frente al VIH: la ausencia de campañas de prevención permanentes, que incluyan la promoción del uso del condón, no solo entre los llamados grupos con prácticas de riesgo sino entre la población más vulnerable y desinformada: las nuevas generaciones de entre 15 a 25 años" (206)

Para darnos cuenta de lo actual de esta situación, transcribo algunos datos de un recuadro del diario la Jornada del 10 de mayo de 2003, en el que podemos ver, no solo la problemática de los gobiernos en sus programas de prevención, sino la de los adolescentes en particular:

"El 30 por ciento de los escolares encuestados en la *Evaluación de la campaña de prevención del VIH/sida* aceptó haber tenido ya relaciones sexuales, pero solo el 60 por ciento había usado ya el condón alguna vez. El 46 por ciento de los adolescentes no escolares encuestados reconocieron haber tenido relaciones sexuales, pero de ellos solo el 51 por ciento ha usado el preservativo en alguna ocasión.

"El estudio de *Prevención de la infección del VIH en poblaciones de mayor riesgo y vulnerabilidad*, elaborado como propuesta del Consejo Nacional para la Prevención y Control del Sida (Censida) para el Banco Mundial, reconoce que en México solo se utilizan 'el dos o tres por ciento de los condones que se requieren'.

"A pesar de estas desalentadoras cifras, el gobierno federal ha disminuido los recursos que brinda a las estrategias de prevención que incluyan la promoción permanente y masiva del uso del condón. Según datos de la Secretaría de Salud y de Censida, en 1997 la prevención representó el 38.1 por ciento del gasto total y para 2000 disminuyó a 24.4 por ciento (...) No se establece ninguna estrategia nacional de prevención que incluya una campaña para promover masiva y selectivamente el uso del condón, a pesar de que se reconoce que el uso correcto del preservativo protege entre 90 y 95 por ciento."

Aunado a todos estos datos tenemos ahora, en fechas recientes, la nueva política del Presidente Bush quien, según se cita en el diario La Jornada, Letra S, mayo 2003, "ha declarado la guerra al sexo. En cuestión de sexualidad no quiere que en su gobierno se hable de otra cosa que no sea la abstinencia. Por eso ahora, está condicionando todo apoyo a los programas de educación sexual, prevención de embarazo de adolescentes y de lucha contra el VIH/sida a la promoción exclusiva de la abstinencia sexual, El condón ha sido proscrito y el celibato, enaltecido. Sin embargo, sus programas de "solo abstinencia" han sido muy criticados por educadores y especialistas en sexualidad por su ineficacia.

Esto lo "han aprovechado sectores de la derecha religiosa de nuestro país y en otros países para impulsar programas similares"

En relación a estos temas, Eisler expresa: "Si nos detenemos a pensar, lo inmoral es NO educar a la juventud sobre el sexo, ya que no se pensaría apoyar la ignorancia en ningún otro aspecto importante de la vida – y el sexo, obviamente, es de suma importancia. No solo eso, se sabe que toda forma de represión reside principalmente en la ignorancia, que a través de la historia ha servido para mantener todo tipo de desequilibrios de poder.

"Sin embargo, la presión religiosa contra la educación sexual ha sido tan exitosa que, aunque no ha impedido a la juventud experimentar con el sexo.

"Aun así, la oposición a la educación sexual continúa e irónicamente la oposición más violenta viene de las mismas personas que condenan a viva voz lo que ellas llaman la epidemia de la ilegitimidad adolescente. Aun cuando no existan evidencias de que la educación sexual lleva a los jóvenes a tener sexo, hay fuertes indicios de que, al contrario, a menudo les ayuda a postergar la actividad sexual o al menos a ser más cuidadosos cuando lo hacen" (207)

Papel de los grupos religiosos

Crónica ONU, N° 4, 2004: "Estudios hechos por ONUSIDA y las organizaciones no gubernamentales, incluyendo Ayuda Cristiana y Alianza contra el Sida, informaron que muchas veces el impacto de las creencias religiosas impedía que los programas educativos fueran eficaces. Esto es una realidad no solo en las grandes regiones sino en las pequeñas. Por ejemplo, los dogmas religiosos de muchas culturas indígenas aisladas en Brasil. Haití, América central y los países anglohablantes del caribe, fomentan mitos sexuales y de salud que también pueden complicar los programas de prevención y educación". (208)

Las organizaciones religiosas han hecho muy poco para ayudar a eliminar las actitudes negativas que se manifiestan hacia los que viven con la enfermedad. En julio de 2000, durante la 13ª Conferencia Internacional del Sida, se organizó el simposio titulado *Las organizaciones religiosas rompen el silencio sobre el VIH/sida*, en el que se señaló que ciertas doctrinas religiosas y posiciones éticas relacionadas con el comportamiento sexual, el sexismo y la homofobia, han contribuido a crear la idea de que los infectados han pecado y merecen su "castigo".

No todos los miembros de la iglesia católica tienen esta postura. A tal efecto cito las palabras del Padre Gino Concetti: "Nadie soñaría con sentenciar como culpable a un enfermo de cáncer. También el sida, como muchas otras enfermedades, puede verse como una patología ambiental: el equilibrio que permitía la convivencia pacífica entre el hombre y el virus se ha roto" (209)
"Todo juicio moral y humano sobre los afectados por el sida y también sobre los seropositivos, debe hacerse desde la caridad, la justicia y la prudencia" (210)

De igual manera, no podemos dejar de mencionar la loable labor de la Madre Teresa, primera en organizar albergues para enfermos de sida abandonados por sus familiares, tanto en India como en Estados Unidos.

Sin embargo, Concetti también afirma:" La Encíclica _Humanae vitae_ rechaza como ilícitos todos aquellos medios que impiden al acto conyugal desarrollar su virtualidad, proclamando que todo acto conyugal debe ser unitivo y procreativo. El 'condón' impide que el acto conyugal respete estas dos prerrogativas. La motivación terapéutica (para evitar el riesgo de contagio) no modifica la naturaleza intrínseca del acto, el cual, realizado así, contradice la finalidad del matrimonio" (211)

Desde luego, la posición de la iglesia católica contra el uso del condón no ha ayudado en nada a la prevención. Por el contrario, al considerar al sexo no reproductor como pecado, da lugar a que el que lo práctica tenga sentimientos de culpa y silencios que lo conducen a tener relaciones íntimas ocultas, rápidas e irresponsables.

Las instituciones y leyes que nos rigen, así como los principios que imponen muchas religiones, y ciertamente las que prevalecen en México, están destinadas a controlar al individuo, como ya hemos visto. De cierta manera es algo lógico, pues como somos tantos, es necesario tener reglas. Sin embargo, algunas de esas reglas son tan rígidas y mal pensadas que conducen a que la persona viva con constantes sentimientos de culpa, lo cual lleva a angustia y estrés.

MacGary, en su libro _La sexualidad humana_, afirma: "la mayor amenaza a la salud psicosexual se encuentra en ciertas religiones rígidas instigadoras de culpa". (212)

Morris, en *El Zoo humano*, dice: "las religiones han funcionado (...) fortaleciendo los lazos dentro de un grupo y debilitándolos entre grupos. Operan sobre la sencilla y única premisa de que existen poderosas fuerzas actuantes por encima y más allá de los miembros humanos ordinarios del grupo, y que esas fuerzas, estos súper jefes deben ser complacidos, apaciguados y obedecidos sin discusión" (213)

Los griegos, por ejemplo, consideraron el sexo, según la filosofía naturalista, como un placer que debía gozarse y, posteriormente el judaísmo enseñó que la relación sexual, al margen de sus fines de reproducción de la especie humana, constituye una actividad placentera buena en sí y por ella misma. No obstante, solo se considera aceptable en el seno del matrimonio. ." Por regla general, el judaísmo adopta la norma de que la sexualidad es buena y no conoce un concepto equivalente a la idea cristiana de pecado original"214)

"Fue muy poco lo que Jesucristo dijo acerca del sexo –asegura MacGary - La mayoría de las restricciones sexuales asociadas con el cristianismo son excrecencias de las filosofías de los teólogos cristianos posteriores, formuladas, en su mayor parte, después de la muerte de Cristo (...) San Agustín, por ejemplo, siglos después, convencido de que lo sexual estaba infectado por el pecado original, acabó considerando pecaminosos todos los actos sexuales, incluido el coito marital.
"La postura de la Iglesia Católica en materia de sexualidad, afirma Masters, se inspira no solo en el Antiguo y el Nuevo Testamento, sino también en las enseñanzas de los papas. En tanto que la actividad sexual en el matrimonio se considera buena, siempre que sirva a

los fines de procreación, se condena las restantes formas de conducta sexual.

"La *Declaración sobre determinados aspectos relativos a la ética sexual*, documento hecho público por la sagrada Congregación de la Fe en 1976 y aprobado por el Papa, muestra con detalle cuál es el punto de vista católico en lo que atañe a la sexualidad: 'En la época en que vivimos se ha incrementado la violación de los principios morales, y uno de los signos más graves de esta corrupción es la desenfrenada exaltación del sexo'.

"La iglesia católica (...) prohíbe el empleo de métodos artificiales del control de la natalidad (es decir, métodos que no sean la continencia o el ciclo natural de ovulación)" (215)

En consonancia con sus postulados, el protestantismo negó que el celibato fuese una vía conducente al reino celestial. Incitó a monjes y monjas a contraer matrimonio por considerar que no estaban investidos de ninguna autoridad divina especial (...) porque entendieron que el sexo formaba parte natural de la vida humana. Sin embargo, en otros aspectos, siguió los postulados católicos, estimando que el adulterio, la masturbación y la homosexualidad eran pecaminosos y que el matrimonio era un compromiso de por vida. (216)

Al respecto, MacGary emite las siguientes opiniones: "Cuando las reglas rígidas acerca del sexo no son equilibradas con una moral sexual lógica, se debe recurrir a la culpabilidad para el control de la conducta sexual...

"Al creer que el sexo es igual a pecado, muchas novias y desposadas sufren, finalmente, de reacciones desafortunadas como culpa, dispareunia [coito difícil y doloroso, especialmente para una mujer] y anorgasmia, y en los hombres se da la incompetencia eréctil y la eyaculación precoz.

"Algunas personas consideran que su comportamiento sexual es el adecuado, y cualquiera otro que no sea como el suyo, lo califican de anticristo, pervertido o sexualmente subdesarrollado (...) Este tipo de jueces se constituyen en los peores fascistas sexuales. La mayoría de ellos no entienden ni les interesa el que la respuesta sexual de la mujer, por ejemplo, sea diferente de la del hombre (...) por su mismo fanatismo, pierden toda subjetividad y creen que todo lo saben y todo lo conocen. (...) Muchos de estos organismos rígidos, son los principales enemigos de la educación sexual.

"Todos hemos recibido educación sexual y, aún más, todos somos educadores sexuales; por desgracia, la mayor parte de las veces sin saberlo.

"Los sentimientos de culpabilidad originados por el conocimiento inadecuado del sexo interfieren con la adaptación personal y marital" (217)

"En la actualidad, hay un ambiente de conflicto. Por un lado, las rígidas reglas institucionales y los conceptos de pecado y tabú, estándares tradicionales. Por otro, prácticas sexuales desinhibidas y descontroladas. La gente joven, ante esto, está desconcertada y hechizada por esa dicotomía. "El establecimiento de prohibiciones irreales e irrazonables, ya sea directamente o por medio de mecanismos de culpa, es también el establecimiento de un peldaño hacia problemas actuales o futuros" (218)

"Los códigos religiosos, las presiones de grupo y las leyes se han utilizado como vehículos para amoldar a los individuos a las normas morales dominantes. La revisión de las leyes que rigen el comportamiento sexual muestra que, en múltiples ocasiones, es vaga e inconsistente, y que a veces han sido resultado de la ignorancia y la culpa, más que de la razón y de la objetividad emocional." (219)

Para ilustrar estas contradicciones, de una manera directa, transcribiré algunos párrafos del artículo titulado *La tercera realidad: ante los preceptos religiosos,* por Emir Olivares Alonso, en Letra S, 84, Julio 2003, sobre la posición de la Iglesia católica en nuestro México actual:

"Si algo no se puede reprochar a la iglesia católica mexicana es su falta de congruencia en la defensa de sus dogmas. Esa defensa ciega e intransigente de sus principios doctrinarios, insensible a los cambios de conciencia sociales e individuales, la ha llevado a convertirse en la institución más intolerante del país, secundada por sus grupos filiales como Provida, la Unión Nacional de Padres de Familia, los grupos empresariales del Opus Dei y dirigentes del Partido Acción Nacional. La más reciente muestra de intolerancia la dio en la presente contienda electoral, donde llamó a no votar por los partidos que enarbolan en sus plataformas la despenalización del aborto, la promoción del uso del condón para evitar infecciones por VIH, el acceso a los anticonceptivos (...) entre otros controvertidos temas.

"En 1988, la Secretaría de Salud anunció a la prensa, con bombos y platillos, la colaboración de la Asociación Nacional de Actores en las campañas masivas de prevención. En el primer spot filmado aparecía Lucía Méndez con un paquete de condones en la mano e invitaba, provocativamente, a disfrutar del amor con responsabilidad. La Asociación Nacional de Padres de Familia, cercana al gobierno, publicó un desplegado de plana entera apoyando la nueva campaña. Un acuerdo logrado meses antes con el Episcopado mexicano garantizaba a la Secretaría de Salud que no habría ningún problema...las autoridades eclesiásticas se comprometieron a no obstaculizar la campaña del uso del condón mientras este no fuera difundido como una forma de planificación familiar, sino como 'una prescripción médica en contra de un padecimiento mortal'. Además, la iglesia apoyaría la lucha contra el sida con educación hacia la monogamia dirigida a los jóvenes...

"Sin explicación oficial, la campaña fue repentinamente suspendida. Trascendió que empresarios de Bimbo y de Domecq, ligados a la jerarquía católica, amenazaron a las televisoras con retirar su publicidad si se transmitía el *videoclip* de Lucía Méndez. Al año siguiente, próvida demandó ante la PGR al Conasida 'por promover la promiscuidad al recomendar condones como medida preventiva contra el sida'. En su alegato, los demandantes responsabilizaban a la Secretaría de Salud por cada nuevo caso de sida, ya que el condón tenía 'un alto grado de error', y acusaban de fomentar 'la homosexualidad, la prostitución y la promiscuidad'. La demanda no prosperó, la PGR determinó que no había delito que perseguir, pero el daño estaba hecho. La Secretaría de Salud bajó el tono a sus mensajes preventivos, donde el condón apenas se mencionó durante todo el sexenio salinista. Se llegó a la conclusión de que 'un mensaje explícito podía ser contraproducente', y se recurrió a 'mensajes más conciliatorios'. Además, la Secretaría dio su aval a la campaña promovida por el grupo Enlace, integrado por esposas de empresarios y ligado a la iglesia católica, donde se promueve exclusivamente la abstinencia y la fidelidad. La campaña de Enlace logró lo que no pudieron las oficiales: se mantiene al aire durante más de dos años 'logrando gran penetración y aceptación entre un sector de la población mayor al esperado originalmente'. De esta manera, la jerarquía de la iglesia católica ganaría el primer *round* en la batalla por el condón, lo cual, retrasaría dolosamente la respuesta efectiva a la epidemia para detener el número creciente de nuevas infecciones.

"Con la promulgación en 1995 de *La verdad de la sexualidad humana. Guías para la educación en la familia*, documento elaborado por el Consejo Pontificio para la Familia, instancia perteneciente a El Vaticano, la cúpula católica 'ha intensificado sus pronunciamientos públicos en contra de programas de educación sexual y planificación familiar, y de las campañas de uso del condón para prevenir la transmisión del VIH/sida', es decir, se volvió aún más beligerante"

En su boletín semanal del 6 de agosto de 2003, la organización Amigos contra el Sida informa lo siguiente: "La presidenta de la Organización Civil Católicas por el Derecho a Decidir, María Consuelo Mejía, aseguró que la Iglesia católica se equivoca cuando afirma que el condón es una de las principales causas de diseminación del Virus de Inmunodeficiencia Humana (VIH) y resaltó que no se vale mentir cuando está de por medio la vida de las personas.

"Manifestó, en un comunicado de la organización que, de acuerdo a los resultados de una encuesta, el 85 por ciento de las personas que profesan la religión católica en el país, opinan que la iglesia debería permitir el uso del condón para prevenir infecciones por VIH/sida.

"Destacó que las mujeres son el grupo más afectado por su condición sumisa, la cual es avalada por las enseñanzas de la jerarquía conservadora...

"Refirió que los obispos prohíben la educación y la distribución del condón en más de 100 mil hospitales de todo el mundo, así como en escuelas y programas católicos de atención a personas con VIH/sida, a pesar de que atiende aproximadamente 25 por ciento de los infectados".

El 27 de agosto de 2003, el diario la Jornada presentó el siguiente artículo escrito por José Díaz Betancourt: "Es inconcebible que, por declaraciones del arzobispo de Acapulco, Felipe Aguirre Franco, se frene la campaña de salud pública para prevenir el sida, solo porque no le gustan los homosexuales declaró Francisco Viruel Castillo, integrante del Frente Nacional de Personas que viven con VIH (Frenpavih).

Los señalamientos de Viruel Castillo se dieron luego de que la Secretaria de Salud de Guerrero, Verónica Muñoz Parra, suspendió la campaña de prevención del sida dirigida a los hombres que tienen sexo entre sí, por presiones de la jerarquía católica.

"En declaraciones realizadas el pasado 19 de agosto a la agencia *Notiese*, Aguirre Franco aseguró que de él 'depende que esa campaña no continúe' y que le consta que no va a salir más publicidad. Afirmó también que 'La Secretaria de Salud de Guerrero no llevaría a cabo una campaña donde se promocione el sexo entre hombres, y mucho menos que usen condón'.

"Según al arzobispo, 'está comprobado que el uso del preservativo y el sexo seguro que tanto promueven, ha traído muchos males a la humanidad. El sexo con condón no es sexo real ni es seguro (...) el llamado sexo seguro es señal de decadencia y de libertinaje sexual'.

"Originalmente esta campaña respondía a las recomendaciones realizadas por organismos internacionales, como la Organización Mundial de la Salud, sobre estrategias de prevención en el sector más afectado de la epidemia, que es precisamente la población masculina, que incluye tanto a los varones con prácticas bisexuales como homosexuales" (220)

Y más recientemente, el artículo de Arnoldo Kraus, en La Jornada del 15 de octubre 2003. "La iglesia católica ha advertido a su grey que se ha comprobado que usar preservativo no previene el sida, pues aseguran que 'los virus son tan pequeños que pueden pasar a través de los poros del condón' [con lo cual] contradice incontables estudios científicos 'neutros' –sin intereses religiosos, comerciales o personales- que han demostrado exactamente lo contrario, (...) que es la mejor forma de prevenir el contagio por VIH. Lo mismo opina la Organización Mundial de la Salud"

Esta noticia difundida por la iglesia, de que el condón no es seguro, no solo está causando mucho daño, sino que ha levantado voces airadas de autoridades en la materia. Catherine Hankins, asesora científica en jefe de ONUSIDA condenó los comentarios de la iglesia: "Es muy desafortunado que este tipo de información sea difundida. Es una preocupación. Desde un punto de vista técnico, la aseveración es totalmente incorrecta. Los condones de látex son impermeables. Sí previenen la transmisión del sida"

Por su parte, el señor Phillipe Busquin, Comisionado Europeo de Investigación de la Comisión Europea expresó: "Podemos probar que los preservativos son la mejor forma de impedir la trasmisión del VIH". (221)

La sexualidad y la sociedad

A manera de recordatorio, mencionaré nuevamente que son los padres los primeros en transmitir a los hijos lo que es la sexualidad. Sin saberlo, la gran mayoría de las veces, primero mamá y luego papá, van enseñando, con sus actitudes, este aspecto tan vital de nuestra existencia.

Ya hemos visto, según los escritos de Baffler Hrdy en "Mother Nature", cómo es indispensable la permanencia del infante cerca de la madre para lograr sobrevivir. Ahora bien, para que el individuo llegue a tener una personalidad madura, capaz de tomar decisiones importantes en su vida, es indispensable este acercamiento.

Recientemente, incluso, se ha descubierto, por medio del "Programa Canguro" ideado en Colombia y ya adoptado en otros países, que incluso la supervivencia de los bebés prematuros, dependen del contacto directo, piel con piel, con su madre. En este programa, ante la carencia de suficientes incubadoras, se recurrió al cuidado y contacto materno, con el resultado de que estos bebés ganaban más peso y se desarrollaban a niveles normales mucho antes que aquellos colocados en incubadoras.

De igual manera, se han hecho estudios en referencia a la importancia de tener al bebé cerca, pegado a la madre, en su primer año de vida y se llegó a la conclusión de que lo ideal es traerlo cargado siempre, tal como hacen nuestras campesinas y gente humilde, arropados en su rebozo.

Así pues, día a día se va cayendo en la cuenta de la enorme importancia que este contacto tiene para el desarrollo sano de la psique del pequeño. Así como la leche materna es mejor para su desarrollo físico, el contacto piel a piel, que puede llevarse a cabo en el momento de la lactancia, con caricias, con actitudes de amor hacia el pequeño, nutrirán su alma y le ayudarán a desarrollar su primer gran sentido: el del tacto. Posteriormente se van desarrollando los del oído, el olfato y el gusto. A partir de ahí, el bebé irá adquiriendo la capacidad para amar, no solo a los padres y en la vida adulta a su pareja o sus hijos, "sino a todo lo digno de ser amado" (222).

No hay que olvidar que desde que nace, el bebé irá captando todo lo referente a la sexualidad a través de las "actitudes" de los padres. De nada sirve que la madre diga al bebé que lo quiere, si al alzarlo lo hace con brusquedad, si lo deja en la cuna larga horas, si no le habla con dulzura. A esa edad, el recién nacido capta actitudes y no palabras. Por ello, durante la infancia, dice Bonavides, es tan importante que los padres conozcan y acepten su propia sexualidad, ya que, por ejemplo, si una madre permite la desnudez de sus hijos y la de ella para 'educarlos sexualmente bien', pero al mismo tiempo se ruboriza, se encoge, se tapa con las manos algunas partes de su cuerpo, etc., lo único que está transmitiendo a los niños es que hay que tener vergüenza ante la desnudez" (223)

Ante el hijo, los padres deben adoptar una actitud positiva, tolerante y tendiente a la aceptación, con una comunicación congruente, no violenta y asertiva, acorde al nivel del niño, respetuosa y negociadora en aras del amor.

Hay que tener presente que desde que nace, y en sus primeros años de vida, el ser humano es indagador, desea investigar y saber todo y entre otras cosas está conocer su cuerpo. Tocar sus genitales, por lo tanto, no significa que tenga una mentalidad lujuriosa o sucia, sino simplemente, que se está conociendo, de la misma manera que toca su cara o se admira cuando se ve por vez primera en un espejo. Si se le recrimina o regaña por tocarse, crecerá con la idea de que parte de su cuerpo y específicamente el sexo, es algo malo, vergonzoso, sucio. Desde ese momento, ya le estamos enseñando a no aceptar parte de él y, por extensión, a no aceptarse, lo cual minará su autoestima, tan importante para el alcance de la madurez psicológica de un individuo.

Pensemos por un instante, ¿Es sucio realmente? ¿Qué diferencia hay entre los genitales y un brazo o la cara? ¿No forman todo parte de nuestro aspecto físico? ¿Por qué es tan normal hablar de la nariz o los ojos, pero nos ruborizamos o evitamos hablar de los orificios inferiores de nuestro cuerpo? Como veremos adelante, estas actitudes hacia el sexo varían de una sociedad a otra; hemos llegado incluso a aborrecer nuestro propio olor que escondemos tras perfumes y desodorantes, lo cual es una manifestación más de lo poco que nos aceptamos. Todo esto es cultural o socialmente adquirido.

En nuestros hogares mexicanos y en millones de otros en el mundo occidental, se vive un ambiente de incongruencia porque la actitud de los padres, llenos de prejuicios y dogmatismos, no coincide con lo que predican y reprimen sus verdaderos sentimientos favoreciendo el razonamiento, por un lado, y un ambiente de máscaras e hipocresía, por el otro, que se hace extensivo a la sociedad en general. Estas son las influencias externas que el niño recibe en su proceso de crecimiento. Como consecuencia, el infante así domesticado anula su valentía para enfrentar los problemas de la vida. Así mismo, se elimina su creatividad, su libertad y una persona no libre jamás se hará responsable de sí misma, pues culpará a los otros de sus actos. (Bonavides, Apuntes en clase)

Desde luego, la sexualidad no se maneja de igual forma en todas las sociedades del mundo. No hay más que ver los templos de Khajuraho en la India o leer el Kama Sutra, para darse cuenta y esto es solo un ejemplo.

"Cuando un niño o niña nace, dice Masters, no tiene ni idea de lo que hay en el mundo. Es solo mediante la interacción con otras personas que aprende en qué consiste la realidad y cómo conducirse ante ella. Las diferentes sociedades "adaptan" a los niños a realidades distintas. [Por ejemplo], besarse y otro tipo de juegos con los labios son comunes en todo el mundo, pero algunas sociedades (como la de tonga en Sudáfrica) los encuentran repugnantes. Tampoco es universal la estimulación de los genitales con la boca; algunas sociedades la consideran práctica de rutina que conduce al coito, mientras que otras la tachan de antinatural. (224)

De esta suerte y a manera de otro ejemplo de cómo la sexualidad se maneja de diferente manera según las diferentes culturas, podemos citar el caso de los Hijras, en la India. Se trata de grupos de personas transgenéricas o transexuales (generalmente hombres que se sienten mujer) que, tradicionalmente y gracias a la ideología del hinduismo que acepta la ambigüedad sexual, viven en comunidades y se dedican a aprender danzas y cantos, ya que se considera que tienen poderes especiales para traer suerte a un bebé (especialmente varón), recién nacido. Los padres los invitan a sus hogares para que lleven a cabo una serie de rituales, a cambio de lo cual los remuneran y así sobreviven. La mayoría son castrados, aunque esto, legalmente, está prohibido. A raíz de la influencia occidental por el dominio inglés en los siglos XIX y XX, este grupo es cada vez menos aceptado. (225)

En México tenemos, por ejemplo, a los muxes, homosexuales del grupo juchiteca que no solo son bien recibidos en el seno de la familia, sino aún preferidos por sus madres porque será ellos los que finalmente se ocupen de sus padres en la ancianidad. Entre sus muchas actividades, está la organización de festivales y coronación de su reina, totalmente aceptados por el grupo social en el que viven.

17 ¿QUÉ PASA CON LA SOCIEDAD HUMANA?

Tras haber expuesto los diferentes factores biológicos, fisiológicos, evolutivos, antropológicos y psicológicos que de una u otra forma determinan la conducta humana sobre la base de estudios expertos en todas estas áreas no es difícil llegar a la conclusión de que hay algo que está extremadamente mal en nuestra sociedad. Ya Maslow expresa que solo del 1 al 2 por ciento de la población es psicológicamente sana o madura, cifra verdaderamente patética. Neuróticos Anónimos afirma que el 98 por ciento de las personas son neuróticas, coincidiendo, por tanto, este resultado con el de Maslow.

No hay que ser experto para ver, constatar o intuir el malestar, la agresividad, la falta de valores, etc., etc.

A fines de septiembre de 2003, tuve la ocasión de escuchar la entrevista que el señor Gutiérrez Vibó de Radio Red hizo al señor Klaus Werner, coautor de *El libro negro de las marcas.* Lo que en ella se habló vino a ratificar mis vivencias e intuiciones, más lo expuesto en esta investigación, acerca de nuestra sociedad. Definitivamente, concluyo, es una sociedad enferma al nivel mundial. Las causas de la enfermedad diferirían según la zona del mundo de que se trate, pero básicamente son las mismas y ya se han expuesto en este trabajo. Los valores de amor, lealtad, respeto, sinceridad, etc. se han perdido en la gran mayoría de los casos. Lo único que prevalece es el valor del dinero, del enriquecimiento, de la avaricia. El hombre, tristemente, ha perdido su humanidad.

Son muchos los ejemplos que el libro presenta y no viene al caso narrarlos, uno a uno. Casos de esclavitud infantil (La organización Internacional del Trabajo estima que existen 250 millones de niños de entre cinco y 14 años que son obligados a trabajar), de trabajo forzado, de salarios misérrimos, en suma, de una explotación total del hombre por el hombre que, al menos en mi caso, pensé que eran problemas que ya pertenecían al pasado lejano de la era de la esclavitud. En este tipo de explotación están involucradas grandes empresas, a sabiendas, como son la Nestlé, McDonald's, Samsung (que en nuestro país precisamente se le imputan prácticas ilegales como despido de mujeres embarazadas que previamente son obligadas a responder preguntas íntimas sobre su ciclo menstrual, palpación de su vientre, etc. Todo ello contrario a la legislación mexicana). (226)

De hecho, la ética, en la economía global de mercado, es prácticamente inexistente. "Las multinacionales disponen de un poder cada vez mayor. En muchos casos, sus ventas anuales superan el presupuesto total de los Estados. A menudo tienen mayor margen de decisión que los países donde operan.

"No hay rubro en el que los derechos humanos se pisoteen tanto como en el del petróleo. Para obtener ganancias a partir del oro negro, algunas multinacionales del petróleo financian guerras, pagan comandos asesinos y tornan inhabitables regiones enteras" (227). Para los mexicanos esta situación no es nada nuevo. Traigamos a la memoria, por ejemplo, el famoso libro *México Negro* de Francisco Martínez Moreno.

Sin embargo, las empresas se presentan ante la opinión pública como precursoras en la protección del medio ambiente y los derechos humanos. Por ejemplo, dice Werner, la Shell promociona su política empresarial "verde" mediante grandes avisos y fotos de selvas florecientes. El autor destina todo un capítulo a describir detalladamente la verdadera y devastadora actuación de esta empresa en Nigeria.

"No se trata –afirma- de que las corporaciones retiren sus inversiones de los países más pobres; se trata de que utilicen su poder para garantizarles un estándar de vida digno a aquellos que son la fuente de sus ganancias" 228)

Citaré con más detalle lo relacionado con el VIH/sida que nos incumbe directamente. De esta forma, afirma: "Bayer lucha para que no haya medicamentos baratos contra el sida en los países más pobres del mundo" 229)

En abril de 2002, ante la Corte Suprema de Pretoria, 39 laboratorios internacionales (Bayer, Merk, Schering, Bristol-Mayers Squibb, Glaxo Wellcome, Hoestch Marion Rousel, Novartis, entre otros) entablaron un juicio contra

VIH/sida, causas profundas

el gobierno sudafricano, porque este pretendía que los medicamentos que ayudan a controlar el VIH fabricado por estos laboratorios, fueran fabricados localmente a precios accesibles a su población y se derogaran los generosos derechos de patente a 20 años.

"En África hay 4.7 millones de infectados y cada día 1 700 personas (de las cuales 200 son recién nacidos) se contagian del virus. Hospitales y médicos son pocos, medicamento casi ninguno. Para los activistas del sida y para el gobierno de este país la cosa es bien clara: "los culpables son los laboratorios farmacéuticos, que exigen precios obscenos por sus medicamentos e impiden así que los pobres de Sudáfrica reciban un tratamiento (...) ¿Cómo hace alguien que gana 25 euros mensuales para pagar medicamentos que en Europa cuestan 800 euros por mes y más?" (230)

En 1997 el gobierno de Nelson Mandela (Ya hemos citado las actividades de Mandela en la primera sección de este trabajo) promulgó la ley que permitía copiar los medicamentos y producirlos a bajo precio. Los laboratorios intentaron derogarla por todos los medios. A través del cabildeo muy bien remunerado, lograron el apoyo de Washington, más que nada del vicepresidente Al Gore a ejercer una sutil presión contra Sudáfrica, amenazándola con imponer fuertes sanciones comerciales. Pero el gobierno de Pretoria se mantuvo gracias al apoyo de numerosas agrupaciones contra el sida que denunciaron públicamente el deshonesto proceder del gobierno de EEUU y de las multinacionales. Sin embargo, como se menciona arriba, los laboratorios, junto con la Asociación Farmacéutica de Sudáfrica, consiguieron la demanda.

"El gobierno sudafricano intenta generar una amplia plataforma para limitar el monopolio de 20 años

211

que otorga el derecho de patentes, y eso es lo que perturba a las multinacionales. Aquí no se trata únicamente del sida o de conseguir medicamentos baratos para combatirlo: el tema es que el gobierno tercermundista quiere asegurarse el derecho de producir medicamentos en su propio país y del modo más económico posible, como para que los pacientes de bajos recursos también pueda adquirirlos.

"En la actualidad, el Derecho de Propiedad Intelectual ya contempla la adopción de medidas especiales para acortar la duración de las licencias y producir preparados de tipo genérico. Pero para que esas medidas entren en vigencia, Sudáfrica tendría que declarar el estado de emergencia sanitaria. El presidente Thabo Mbeki se niega a dar ese paso, argumentando que los negros ya sufrieron demasiado con las leyes de emergencia de los blancos. La explicación no suena muy convincente. Es curioso que el gobierno sudafricano no diga abiertamente qué es lo que quiere: se trata, nada más y nada menos que de imponer, en forma global y como un derecho humano, el acceso a los medicamentos incluso para los pobres. Está claro por qué los laboratorios se oponen rotundamente: el debilitamiento del régimen de patentes podría poner coto a sus fabulosas ganancias, las que generan a partir de la comercialización de nuevos medicamentos...

"De hecho, no es que los países pobres del sur no contribuyan al progreso de la medicina. Todo lo contrario: sin la cantidad de ensayos clínicos que tiene lugar en ellos, los laboratorios tardarían mucho más tiempo para la aprobación [de sus medicinas] en Europa o en los Estados Unidos.

"Una aprobación más rápida significa un aumento de las ganancias para los laboratorios. Por eso, los países pobres deberían obtener al menos el derecho sobre los

medicamentos vitales, para producirlos en forma barata"
(231)

¿A qué se refiere el autor cuando habla de ensayos
clínicos? A los ensayos no éticos registrados en la
bibliografía médica. En el caso del VIH/sida, da los
siguientes ejemplos:

A.-" En 1994 se demostró claramente que un
tratamiento con fármacos permitía evitar la transmisión
del virus al feto durante el embarazo. Sin embargo, en Asia
y en África hubo desde entonces por los menos quince
ensayos realizados por médicos en los que miles de
mujeres embarazadas recibieron un placebo en lugar del
fármaco probado. Los investigadores lo hicieron a
sabiendas, a pesar del riesgo de contagio para los bebés.
Esos ensayos no fueron financiados por la industria
farmacéutica, sino por entidades públicas: nueve de ellas
por autoridades del gobierno norteamericano, cinco por
otros gobiernos y otro por el Programa Con junto de las
Naciones Unidas sobre el VIH/sida. "(232)

B.- "En el estado africano de Uganda, a mediados de los
años noventa, se llevó a cabo un ensayo en el cual los
pacientes infectados con VIH no recibían antibióticos para
prevenir la tuberculosis. Este ensayo fue financiado por un
organismo gubernamental norteamericano, el Center for
Disease Control (Centro para el control de enfermedades).
En Estados Unidos o en Europa no se habría podido
realizar. [Ya que en estos lugares las normas clínicas
indican que los pacientes con VIH que corren peligro de
contraer tuberculosis deben recibir antibióticos de forma
preventiva].
"Este ensayo se publicó en septiembre de 1997 en la
revista de medicina de mayor renombre mundial, la *New*

England Journal of Medicine, desencadenando una discusión ética muy encendida entre los médicos" (233)

C.- "A mediados de los años noventa, médicos chinos inocularon deliberadamente paludismo a pacientes con VIH para investigar sus efectos sobre la enfermedad. Estos experimentos fueron financiados por la fundación privada Eleanor Dana Charitable Trust, una organización de caridad de origen norteamericana. En Estados Unidos y México los estudios de ese tipo habían sido prohibidos por los respectivos comités de ética" (234)

La disputa judicial entre los laboratorios y el gobierno sudafricano quedó anulada. Las compañías retiraron la demanda a mediados de abril de 2001, ya que su imagen empeoraba cada día más. Sin embargo, la victoria del gobierno no tiene validez global y los contratos comerciales internacionales tampoco serán modificados a favor de los países más pobres

Verdaderamente una obra inquietante, que nos abre los ojos y me dejó muy, muy alterada, pues reafirma de una manera brutal y drástica el grado de "enfermedad" al que ha llegado la humanidad.

El tema del sida en África se trató someramente al comienzo de este escrito y se clasificó como causa no profunda. Sin embargo, por todo lo descrito anteriormente, podemos darnos cuenta que sí hay causas profundas, esta vez de índole económica básicamente, pero ¿qué hay detrás de la avaricia de las transnacionales que las ciega ante el sufrimiento humano?... caemos nuevamente, creo yo, en las razones de índole psicológica que ya hemos intentado dilucidar a lo largo de esta investigación.

En México, tenemos también esta problemática y ya hay muchos que alzan la voz en contra del elevado costo de los medicamentos patentados. Por ejemplo, en la Jornada del 9 de septiembre de 2003, salió la noticia de que el señor Víctor González Torres, presidente del grupo Por un País Mejor, en su exhorto al Presidente Fox, sostuvo que "no es justo que con base en esas patentes las empresas farmacéuticas trasnacionales saqueen el poco dinero que tiene el país"

Y como noticia de última hora, en referencia a estos asuntos, contamos con el artículo de Naomi Klein titulado *La prueba del sida de Bush* (*Masiosare,* domingo 12 de octubre 2003, pág. 12) en el que afirma:

"Lejos de cumplir con sus compromisos en materia de lucha contra el sida, George W. Bush sigue cada vez más los dictados de las grandes empresas farmacéuticas. En primer lugar, le entregó el cargo más alto de su iniciativa global contra el sida a un jefe de las grandes empresas farmacéuticas, luego rompió su promesa de otorgar tres mil millones de dólares a la lucha contra el sida y ahora podría sabotear un plan de envío de medicinas baratas a países flagelados por la pandemia" [plan auspiciado por Canadá, país al que intentan ajustar a los acuerdos del Tratado de Libre Comercio de América del Norte] (235)

De igual impacto que el libro de Werner, es el artículo de Andrew Cockburn sobre la esclavitud en el siglo XXI, aparecido en la revista National Geographic de septiembre de 2003, en el cual, por medio de entrevistas y de experiencias personales, presenta el hecho real y comprobable de que la esclavitud continúa existiendo. Es más, va en aumento y la tenemos al lado nuestro. Los famosos "coyotes" que trafican personas a lo largo de

215

nuestras fronteras norte y sur no son más que traficantes de esclavos, en la modalidad moderna de esclavitud por deudas, conocida en nuestra historia, entre otras, como la famosa "tienda de raya" que la Revolución intentó eliminar.

"Hoy –dice-, las personas vulnerables se sienten atraídas hacia este tipo de esclavitud por deuda [aunque ignorándolo], esperando una vida mejor. Hay tantos porque hay demasiada gente desesperada en el mundo" (236).

Se calcula que la contribución anual de los esclavos a la economía global es de 13 mil millones de dólares a partir de la prostitución, labores agrícolas, minería [cuyos dueños son las empresas transnacionales en muchos de los casos]. Tres mil millones de personas, casi la mitad de la población del mundo lucha por sobrevivir con menos de 2 dólares al día y se calcula que hay 27 millones de hombres, mujeres y niños esclavos en el mundo.

Al leer este texto me sentí avergonzada y pensé en los miles de alemanes que ignoraban lo que ocurría en los campos de concentración durante el régimen nazi y que cuando se enteraron, muchos de ellos se echaron a llorar. Pensé en los miles de esclavos que pudieran existir en nuestro país y nosotros que vivimos en una posición privilegiada ni cuenta nos damos, aunque pasaran por nuestro lado. Nuevamente ¡qué vergüenza y qué sentimiento de impotencia tan grande me invade!

¿Somos o no somos una sociedad enferma? ¿De qué nos sirve ese cerebro enorme, pensante? ¿Solo para explotar a otros, solo para maltratar?

CONCLUSIONES

Tras haber expuesto los diferentes factores biológicos, fisiológicos, evolutivos, antropológicos y psicológicos que de una u otra forma determinan la conducta humana sobre la base de estudios expertos en todas estas áreas no es difícil llegar a la conclusión de que hay algo que está extremadamente mal en nuestra sociedad. Ya Maslow expresa que solo del 1 al 2 por ciento de la población es psicológicamente sana o madura, cifra verdaderamente patética. Neuróticos Anónimos afirma que el 98 por ciento de las personas son neuróticas, coincidiendo, por tanto, este resultado con el de Maslow.

No hay que ser experto para ver, constatar o intuir el malestar, la agresividad, la falta de valores, etc., etc.

A fines de septiembre de 2003, tuve la ocasión de escuchar la entrevista que el señor Gutiérrez Vibó de Radio Red hizo al señor Klaus Werner, coautor de *El libro negro de las marcas.*. Lo que en ella se habló vino a ratificar mis vivencias e intuiciones, más lo expuesto en esta investigación, acerca de nuestra sociedad. Definitivamente, concluyo, es una sociedad enferma al nivel mundial. Las causas de la enfermedad diferirían según la zona del mundo de que se trate, pero básicamente son las mismas y ya se han expuesto en este trabajo. Los valores de amor, lealtad, respeto, sinceridad, etc. se han perdido en la gran mayoría de los casos. Lo único que prevalece es el valor del dinero, del enriquecimiento, de la avaricia. El hombre, tristemente, ha perdido su humanidad.

Son muchos los ejemplos que el libro presenta y no viene al caso narrarlos, uno a uno. Casos de esclavitud infantil (La organización Internacional del Trabajo estima que existen 250 millones de niños de entre cinco y 14 años que son obligados a trabajar), de trabajo forzado, de salarios misérrimos, en suma, de una explotación total del hombre por el hombre que, al menos en mi caso, pensé que eran problemas que ya pertenecían al pasado lejano de la era de la esclavitud. En este tipo de explotación están involucradas grandes empresas, a sabiendas, como son la Nestlé, McDonald's, Samsung (que en nuestro país precisamente se le imputan prácticas ilegales como despido de mujeres embarazadas que previamente son obligadas a responder preguntas íntimas sobre su ciclo menstrual, palpación de su vientre, etc. Todo ello contrario a la legislación mexicana). (226)

De hecho, la ética, en la economía global de mercado, es prácticamente inexistente. "Las multinacionales disponen de un poder cada vez mayor. En muchos casos, sus ventas anuales superan el presupuesto total de los Estados. A menudo tienen mayor margen de decisión que los países donde operan.

"No hay rubro en el que los derechos humanos se pisoteen tanto como en el del petróleo. Para obtener ganancias a partir del oro negro, algunas multinacionales del petróleo financian guerras, pagan comandos asesinos y tornan inhabitables regiones enteras" (227). Para los mexicanos esta situación no es nada nuevo. Traigamos a la memoria, por ejemplo, el famoso libro *México Negro* de Francisco Martínez Moreno.

Sin embargo, las empresas se presentan ante la opinión pública como precursoras en la protección del medio ambiente y los derechos humanos. Por ejemplo, dice Werner, la Shell promociona su política empresarial "verde" mediante grandes avisos y fotos de selvas florecientes. El autor destina todo un capítulo a describir detalladamente la verdadera y devastadora actuación de esta empresa en Nigeria.

"No se trata —afirma- de que las corporaciones retiren sus inversiones de los países más pobres; se trata de que utilicen su poder para garantizarles un estándar de vida digno a aquellos que son la fuente de sus ganancias" 228)

Citaré con más detalle lo relacionado con el VIH/sida que nos incumbe directamente. De esta forma, afirma: "Bayer lucha para que no haya medicamentos baratos contra el sida en los países más pobres del mundo" 229)

En abril de 2002, ante la Corte Suprema de Pretoria, 39 laboratorios internacionales (Bayer, Merk, Schering, Bristol-Mayers Squibb, Glaxo Wellcome, Hoestch Marion Rousel, Novartis, entre otros) entablaron un juicio contra el gobierno sudafricano, porque este pretendía que los medicamentos que ayudan a controlar el VIH fabricado por estos laboratorios, fueran fabricados localmente a precios accesibles a su población y se derogaran los generosos derechos de patente a 20 años.

"En África hay 4.7 millones de infectados y cada día 1 700 personas (de las cuales 200 son recién nacidos) se contagian del virus. Hospitales y médicos son pocos, medicamento casi ninguno. Para los activistas del sida y para el gobierno de este país la cosa es bien clara: "los culpables son los laboratorios farmacéuticos, que exigen precios obscenos por sus medicamentos e impiden así que los pobres de Sudáfrica reciban un tratamiento (...) ¿Cómo hace alguien que gana 25 euros mensuales para pagar medicamentos que en Europa cuestan 800 euros por mes y más?" (230)

En 1997 el gobierno de Nelson Mandela (Ya hemos citado las actividades de Mandela en la primera sección de este trabajo) promulgó la ley que permitía copiar los medicamentos y producirlos a bajo precio. Los laboratorios intentaron derogarla por todos los medios. A través del cabildeo muy bien remunerado, lograron el apoyo de Washington, más que nada del vicepresidente Al Gore a ejercer una sutil presión contra Sudáfrica, amenazándola con imponer fuertes sanciones comerciales. Pero el gobierno de Pretoria se mantuvo gracias al apoyo de numerosas agrupaciones contra el sida que denunciaron públicamente el deshonesto proceder del gobierno de EEUU y de las multinacionales. Sin embargo, como se menciona arriba, los laboratorios, junto con la Asociación Farmacéutica de Sudáfrica, consiguieron la demanda.

"El gobierno sudafricano intenta generar una amplia plataforma para limitar el monopolio de 20 años que otorga el derecho de patentes, y eso es lo que perturba a las multinacionales. Aquí no se trata únicamente del sida o de conseguir medicamentos baratos para combatirlo: el tema es que el gobierno tercermundista quiere asegurarse el derecho de producir medicamentos en su propio país y del modo más económico posible, como para que los pacientes de bajos recursos también pueda adquirirlos.

"En la actualidad, el Derecho de Propiedad Intelectual ya contempla la adopción de medidas especiales para acortar la duración de las licencias y producir preparados de tipo genérico. Pero para que esas medidas entren en vigencia, Sudáfrica tendría que declarar el estado de emergencia sanitaria. El presidente Thabo Mbeki se niega a dar ese paso, argumentando que los negros ya sufrieron demasiado con las leyes de emergencia de los blancos. La explicación no suena muy convincente. Es curioso que el gobierno sudafricano no diga abiertamente qué es lo que quiere: se trata, nada más y nada menos que de imponer, en forma global y como un derecho humano, el acceso a los medicamentos incluso para los pobres. Está claro por qué los laboratorios se oponen rotundamente: el debilitamiento del régimen de patentes podría poner coto a sus fabulosas ganancias, las que generan a partir de la comercialización de nuevos medicamentos...

"De hecho, no es que los países pobres del sur no contribuyan al progreso de la medicina. Todo lo contrario: sin la cantidad de ensayos clínicos que tiene lugar en ellos, los laboratorios tardarían mucho más tiempo para la aprobación [de sus medicinas] en Europa o en los Estados Unidos.

"Una aprobación más rápida significa un aumento de las ganancias para los laboratorios. Por eso, los países pobres deberían obtener al menos el derecho sobre los

medicamentos vitales, para producirlos en forma barata"
(231)

¿A qué se refiere el autor cuando habla de ensayos clínicos? A los ensayos no éticos registrados en la bibliografía médica. En el caso del VIH/sida, da los siguientes ejemplos:

A.-" En 1994 se demostró claramente que un tratamiento con fármacos permitía evitar la transmisión del virus al feto durante el embarazo. Sin embargo, en Asia y en África hubo desde entonces por los menos quince ensayos realizados por médicos en los que miles de mujeres embarazadas recibieron un placebo en lugar del fármaco probado. Los investigadores lo hicieron a sabiendas, a pesar del riesgo de contagio para los bebés. Esos ensayos no fueron financiados por la industria farmacéutica, sino por entidades públicas: nueve de ellas por autoridades del gobierno norteamericano, cinco por otros gobiernos y otro por el Programa Con junto de las Naciones Unidas sobre el VIH/sida. "(232)

B.- "En el estado africano de Uganda, a mediados de los años noventa, se llevó a cabo un ensayo en el cual los pacientes infectados con VIH no recibían antibióticos para prevenir la tuberculosis. Este ensayo fue financiado por un organismo gubernamental norteamericano: el Center for Disease Control (Centro para el control de enfermedades). En Estados Unidos o en Europa no se habría podido realizar. [Ya que en estos lugares las normas clínicas indican que los pacientes con VIH que corren peligro de contraer tuberculosis deben recibir antibióticos de forma preventiva].
"Este ensayo se publicó en septiembre de 1997 en la revista de medicina de mayor renombre mundial, la *New*

England Journal of Medicine, desencadenando una discusión ética muy encendida entre los médicos" (233)

C.- "A mediados de los años noventa, médicos chinos inocularon deliberadamente paludismo a pacientes con VIH para investigar sus efectos sobre la enfermedad. Estos experimentos fueron financiados por la fundación privada Eleanor Dana Charitable Trust, una organización de caridad de origen norteamericana. En Estados Unidos y México los estudios de ese tipo habían sido prohibidos por los respectivos comités de ética" (234)

La disputa judicial entre los laboratorios y el gobierno sudafricano quedó anulada. Las compañías retiraron la demanda a mediados de abril de 2001, ya que su imagen empeoraba cada día más. Sin embargo, la victoria del gobierno no tiene validez global y los contratos comerciales internacionales tampoco serán modificados a favor de los países más pobres

Verdaderamente una obra inquietante, que nos abre los ojos y me dejó muy, muy alterada, pues reafirma de una manera brutal y drástica el grado de "enfermedad" al que ha llegado la humanidad.

El tema del sida en África se trató someramente al comienzo de este escrito y se clasificó como causa no profunda. Sin embargo, por todo lo descrito anteriormente, podemos darnos cuenta que sí hay causas profundas, esta vez de índole económica básicamente, pero ¿qué hay detrás de la avaricia de las transnacionales que las ciega ante el sufrimiento humano?... caemos nuevamente, creo yo, en las razones de índole psicológica que ya hemos intentado dilucidar a lo largo de esta investigación.

En México, tenemos también esta problemática y ya hay muchos que alzan la voz en contra del elevado costo de los medicamentos patentados. Por ejemplo, en la Jornada del 9 de septiembre de 2003, salió la noticia de que el señor Víctor González Torres, presidente del grupo Por un País Mejor, en su exhorto al Presidente Fox, sostuvo que "no es justo que con base en esas patentes las empresas farmacéuticas trasnacionales saqueen el poco dinero que tiene el país"

Y como noticia de última hora, en referencia a estos asuntos, contamos con el artículo de Naomi Klein titulado *La prueba del sida de Bush* (*Masiosare,* domingo 12 de octubre 2003, pág. 12) en el que afirma:

"Lejos de cumplir con sus compromisos en materia de lucha contra el sida, George W. Bush sigue cada vez más los dictados de las grandes empresas farmacéuticas. En primer lugar, le entregó el cargo más alto de su iniciativa global contra el sida a un jefe de las grandes empresas farmacéuticas, luego rompió su promesa de otorgar tres mil millones de dólares a la lucha contra el sida y ahora podría sabotear un plan de envío de medicinas baratas a países flagelados por la pandemia" [plan auspiciado por Canadá, país al que intentan ajustar a los acuerdos del Tratado de Libre Comercio de América del Norte] (235)

De igual impacto que el libro de Werner, es el artículo de Andrew Cockburn sobre la esclavitud en el siglo XXI, aparecido en la revista National Geographic de septiembre de 2003, en el cual, por medio de entrevistas y de experiencias personales, presenta el hecho real y comprobable de que la esclavitud continúa existiendo. Es más, va en aumento y la tenemos al lado nuestro. Los famosos "coyotes" que trafican personas a lo largo de nuestras fronteras norte y sur no son más que traficantes de esclavos, en la modalidad moderna de esclavitud por deudas, conocida en nuestra historia, entre otras, como la famosa "tienda de raya" que la Revolución intentó eliminar.

"Hoy –dice-, las personas vulnerables se sienten atraídas hacia este tipo de esclavitud por deuda [aunque ignorándolo], esperando una vida mejor. Hay tantos porque hay demasiada gente desesperada en el mundo" (236).

Se calcula que la contribución anual de los esclavos a la economía global es de 13 mil millones de dólares a partir de la prostitución, labores agrícolas, minería [cuyos dueños son las empresas transnacionales en muchos de los casos]. Tres mil millones de personas, casi la mitad de la población del mundo lucha por sobrevivir con menos de 2 dólares al día y se calcula que hay 27 millones de hombres, mujeres y niños esclavos en el mundo.

Al leer este texto me sentí avergonzada y pensé en los miles de alemanes que ignoraban lo que ocurría en los campos de concentración durante el régimen nazi y que cuando se enteraron, muchos de ellos se echaron a llorar. Pensé en los miles de esclavos que pudieran existir en nuestro país y nosotros que vivimos en una posición privilegiada ni cuenta nos damos, aunque pasaran por nuestro lado. Nuevamente ¡qué vergüenza y qué sentimiento de impotencia tan grande me invade!

¿Somos o no somos una sociedad enferma? ¿De qué nos sirve ese cerebro enorme, pensante? ¿Solo para explotar a otros, solo para maltratar?

¿Y COMPROBÉ MI TEORÍA?

En cierta manera sí, pero, además, a través de la investigación salieron a la luz muchos datos que me ayudaron a comprender el malestar de la sociedad, malestar que todos percibimos pero que quizás no sabemos interpretar o encontrar sus causas.

Es así que encontré que la gente es mucho más propensa a enamorarse cuando se siente en peligro. Ya

Ackerman lo menciona: **"Los amores en tiempos de guerra son muchos más comunes"** (242) interviniendo en este fenómeno la hormona feniletilamina como vimos en la sección del papel de las hormonas.

Surge también el sentimiento de fusión con otro, **momento de unidad que constituye uno de los más estimulantes y excitantes de la vida (...) y el orgasmo sexual puede producir un estado similar al provocado por un trance o por los efectos de ciertas drogas** (Fromm), con lo cual se consigue evadir la realidad presente.

Nuevamente Ackerman afirma: **"Cuando finalmente hemos alcanzado el clímax [sexual] nos sentimos ilimitados"** ¿Qué mejor sensación que ésta cuando estamos viviendo una situación limitante, porque carecemos de libertad auténtica, porque las condiciones en las que vivimos nos ponen cara a cara, todos los días, ante nuestra propia limitación, la proximidad de nuestra muerte?

El amor, como valor humano, se vale de la pulsión sexual como medio de expresión. Los valores, hemos visto, se han ido perdiendo, pues desaparecen cuando la única alternativa es sobrevivir, y la gran mayoría de la población del mundo en nuestros días solo hace eso, sobrevivir. Ante la deshumanización de la sociedad enferma, (cuya manifestación más profunda sería la guerra), el amor y el sexo recuerdan al hombre que aún no se pierde a sí mismo totalmente, que aún tiene algo de rescatable. No hay nada como amar y sentirse amado, aunque solo sea una ilusión pasajera.

Recordemos que Frankl, por otro lado, afirma que la libido sexual crece exuberantemente en los casos de vacío existencial, que es el mal que padece, nuevamente, la gran mayoría de los habitantes de este planeta.

Por otro lado, el sentimiento de separatividad de que nos habla Fromm aumenta en épocas de crisis en las que el individuo se siente más robotizado, más despersonalizado que nunca. Por tanto, busca la fusión de todo tipo con otros para combatirla, porque la soledad lo lleva a la introspección, a preguntarse acerca de su papel en el universo, lo cual crea en él un sentimiento de impotencia e insignificancia que puede ser aterrador.

Durante la guerra, dice Rogers, cuando los hombres están sujetos a la amenaza de una muerte inminente, se produce con frecuencia la revelación del sí mismo verdadero y con ello la sensación de soledad que hay que combatir a toda costa como mecanismo de supervivencia psicológica y emocional.

En épocas de crisis profunda, nos dice Frankl, la persona adopta más que nunca una posición fatalista en la que dilucida que si el destino va a dominar su vida, para qué luchar y esforzarse, [por tanto, para no caer en la desesperación, se refugia en la evasión]. Así mismo, vive al día y se deja llevar por los impulsos, pues el futuro es más incierto que nunca, es un futuro en el que, además, ve su vida en peligro en todo momento.

Y la memoria ancestral de que nos habla Jung sí la tenemos, en forma de código genético, de determinación hormonal, de impulsos de vida o muerte las más de las veces incontrolables, no solo porque el organismo tiene sus propias leyes y mecanismos de funcionamiento, sino porque, como hemos visto, el aparato psíquico del hombre, que podría ser el controlador de impulsos, no funciona apropiadamente; es un sistema deficiente, asustado, manipulado externamente. Los individuos, en su mayoría, ni siquiera son conscientes de que cuentan, precisamente, con un sistema de voluntad y de libertad que les permite tomar sus propias decisiones.

¿Qué papel desempeña el VIH/sida entonces, dentro del contexto de la sociedad?

Para mí, es una manifestación más de su enfermedad. Paradójico: una enfermedad que representa a otra, mucho más extensa. Un mal que no se puede controlar porque el medio en que vivimos no solo no nos ayuda, sino que nos debilita. La sociedad es el virus que nos ha ido quitando fuerzas para vivir y disfrutar la vida. De la misma manera, tenemos la obesidad, la bulimia, la anorexia, y otros más, como manifestaciones del mismo mal.

"**El sida,** dice Kraus, **no es el problema. El sida es el espejo del mapa humano. En los países pobres es continuación del caos impuesto por las naciones ricas, reflejo de la filosofía decimonónica de muchos religiosos y resultado de la falta de educación de quienes dirigen las naciones más afectadas**" (243)

NOTAS

1.- Frankl, Víctor. *La psicoterapia al alcance de todos*. Pág. 168-171

2.- La Jornada, 14 de mayo 2003. Pág. 46

3.- Perrés, José. *Freud, el psicoanálisis y el sida*. Pág. 6

4.- Eisler, Riane. *Placer sagrado*. Vol. II, pág. 158.

5.- Hiriart, Vivianne. *Nosotros sexo...y usted?*. Pág. 152

6.- Kübler-Ross, Elizabeth. *Sida*. Pág. 5

7.- Crónica ONU, N° 4, 2004, Pág. 60

8.- Zwingle, Erla. *La Mujer y la población*. National Geographic Magazine, Vol. 3, N° 4, octubre 1988. Pág. 54

9.- Scientific American, Año 1, N° 6.

10.- Organización Mundial del trabajo. Revista N° 42, marzo 2002

11.- La Jornada. Martes 15 de julio 2003

12.- Letra S. La jornada, noviembre 2002

13.- Letra S. 92. marzo 2004. Pág. 7

14.- Rao Gupta. Conferencia Internacional del Sida. Letra S, marzo 2002.

15.- Letra S 92. Marzo 2004. Pág. 7

16.- Ibíd.

17.- Maslow. *El hombre autorrealizado*. Pág. 79

18.- Letra S. 92. Marzo 2004. Pág. 7

19. Bonfil. Carlos. *Promover sexo seguro*. Letra S. 91. Febrero 2004.

20.- ONUSIDA. Comunicado de prensa 2001.

21.- Boletín Amigos contra el Sida. Internet. 10 de mayo 2001.

22.- Ibíd. 25 de octubre 2003

23.- Letra S. Julio 2002

24.- Letra S. 92. Marzo 2004. Pág. 1

25.- Julio. Soltando el lastre del Anonimato.

26.- *La tentación Autoritaria*. Letra S, octubre 2001.

27.- Perrés. Pág. 27

28.- Ibíd. Pág. 11

29.- *El riesgo cero. Una Utopía*. Letra S. 88. Noviembre 2003.

30.- Eisler. Pág. 159.160

31.- Hapgood. *¿Por qué existe el sexo...masculino?* Pág. 31

32.- LeVay. *El cerebro sexual*. Pág. 25

33. - Idem. Pág. 28

34. - Hapgood. Cap. 5

35. - Ibíd. Pág. 86

36.- Morris. *El Mono desnudo*. Pág. 22

37. - Blaffer. "Mother Nature". Pág. 63

38. - Ibíd. Pág. 81

39.- Ackerman. *Una historia natural del amor*. Pág. 229

40.- Hapgood. Pág. 62

41.- Morris. *El mono desnudo*. Pág. 69

42.- Ibíd. Pág. 43

43.- Ibíd. Pág. 91

44.- Ibíd. Pág. 97

45.- Ibíd. Pág. 55

46. - Ibid. Pág. 110

47. - Blaffer. Pág. 236

48. - Ackerman. Pág. 203

49.- Blaffer. Págs. 402-407

50.- Muy Interesante. Pág. 22

51.- Morris. *El Zoo humano*. Págs. 58-59

52.- Ibíd. Pág. 98

53. - Ackerman. Págs. 197-198

54. - Burns. *www.teachhealth.com*

55. - LeVay. Págs. 143-146

56. - Masters, Jonson, Kolodny. Págs. 93-95

57. - Ackerman, (citando a Jung). Pág. 212

58. - Ibíd. Pág. 213

59.- Fromm. *El arte de amar*. Pág. 16

60. Instituto Médico Howard Hughes. Noticias 2003.

61.- Muy Interesante. Pág. 10

62.- Freíd. *El misterio de la herencia*. Pág. 70

63. - Ackerman (citando a Gary Lynch) Pág .190

64.- Muy Interesante. Pág. 62

65.- Sánchez. *El cuerpo prohibido*. Letra S. 90. Enero 2004. Pág. 5

66.- Masters. Pág. 4

67.- Álvarez Villar. *Sexo y Cultura*. Pág. 64

68.- Ibíd. Págs. 50.52

69.- MacGary. *Sexualidad Humana*. Págs. 3-4

70.- Ibíd. Pág. 4

71.- Álvarez Villar. Págs. 148-149

72.- Weeks. Letra S. Marzo 2000

73.- Maslow. *El hombre autorrealizado*. Pag.242

74.- Álvarez Villar. Pág. 137

75.- Bonavides. Apuntes en clase

76.- Eisler. Vol. II. Pág. 155

77.- Álvarez Villar. Pág. 57

78.- Fromm. *Psicoanálisis de la sociedad contemporánea*. Págs. 67-68

79.- Álvarez Villar. Págs. 117-118

80.- Ibíd. Pág. 120

81.- Fromm (citando a Freud) *Ética y Psicoanálisis*. Pág. 44

82, Fromm (citando a Freud). *Psicoanálisis de la sociedad contemporánea*. Pág. 68

83.- Ibíd.

84.- Perrés. Pág. 5

85.- Ibíd. Pág. 7

86.- Ibíd. Pag.10

87.- Ibíd. (citando a Freud). Pág. 11

88.- Ibíd. Págs. 13-14

89.- Abrams. Recuperar el niño interior. (citando a Jung). Pág. 48

90. - Ackerman. Pág. 38

91. - Ibíd. Pág. 175

92. - Fromm. *El arte de amar*. Págs. 27-28

93.- Ibíd. Págs. 40-41.

94.- Ackerman. Págs. 134.135

95.- Ibíd. Págs. 15 y 55

96. - Ibíd. Pág. 226

97. - Hapgood. Peg. 62

98. - Frankl. *La psicoterapia al alcance de todos.* Págs. 94-95

99.- Ibíd. Págs. 96-97.

100.- Fromm. *El arte de amar*. Pág. 59

101. - Ibid. Págs. 49-50

102. - Ibid.

103. - Thesenga. *Vivir sin máscaras*. Pág. 7

104.- Bonavides. Apuntes en clase.

105.- Fromm. *Ética y psicoanálisis*. Págs. 189-190

106.- Ibíd. Pág. 186

107.- Winnicott. *La familia y el desarrollo del individuo*. Pág. 63

108.- Ibíd. Pág. 67

109.- Bonavides. Apuntes en clase.

110.- Thesenga.

111.- Levine. *Curar el trauma*. Caps. 3 y 4

112. - Winnicott. Págs. 119-121

113. - Ibid. Pág. 124.

114.- Fromm. *Ética y psicoanálisis*. Pág. 115

115.- Ibíd. Pág. 156

116.- Fromm. *Psicoanálisis de la sociedad contemporánea*. Págs. 46-47

117.- Fromm. *Ética y psicoanálisis*. Pág. 158

118.- Fromm. *Psicoanálisis de la sociedad contemporánea*. Pág. 41

119.- Ibíd. Págs. 73-74

120.- Bonavides. Apuntes en clase.

121.- Mannoni. *La crisis de la adolescencia*. Pág. 40

122.- Ibíd. Pág. 59

123.- Ibíd. Pág. 73

124.- Amara. *El adolescente y la familia*. Págs. 14 y 15

125. - Ibid.

126. - Masters. Págs. 242-245

127. - Ibíd. Págs. 247-248

128. - Wnnicott. Pág. 113

129.- Fromm. *Ética y psicoanálisis*. Pág. 160

130.- Hernández. *Para enseñar no basta con saber la asignatura*. Págs. 163-165

131.- Fromm. *Psicoanálisis de la sociedad contemporánea*. Pág. 37

132- Ibíd. Págs. 58-59

133.- Unión de Morelos. Suplemento. Pág. 3

134.- Ibíd. Pág. 11

135.- Villanueva. *Más allá del principio de la autodestrucción*. (citando a Aristóteles). Pág. 56

136.- Maslow. *El hombre autorrealizado*. Pág. 263

137.- Ibíd. Pág. 40

138.- Frankl. *El hombre en busca de sentido*. Págs. 75-76

139.- Boltvinik. La Jornada. 1° de agosto 2003. Pág. 22

140.- Maslow. *El hombre autorrealizado*. Pág. 214

141.- Ibíd. Pág. 63

142.- Ibíd. Pág. 201

143.- Ibíd. Pág. 205

144.- Ibíd. Pág. 247

145.- Ibíd. Pág. 211

146.- Frankl. *La psicoterapia al alcance de todos.* Pág.21

147.- Maslow. *El hombre autorrealizado*. Pág. 213

148.- Ibíd. Pág. 207

149.- Ibíd. Págs. 253-254

150.- Villanueva. Pág. 39

151.- Perrés. Pág. 9

152. - Ibid. Págs. 8-9

153. - Ibid. Pág. 12

154. - Maslow. *El hombre autorrealizado*. Pág. 77

155.- Ibíd. Págs. 82-83

156.- Ibíd. Pág. 246

157.- Boletín Amigos contra el sida. 25 de octubre 2003

158.- Maslow. *El hombre autorrealizado*. Pág. 100

159.- García Viveros. Proyecto.

160.- Ibíd.

161.- Maslow. *El hombre autorrealizado*. Pág. 77

162.- Frankl. *El hombre en busca de sentido*. Pág. 33

163.- Ibíd. Págs. 66-67

164.- Ibíd. Pág. 56

165.- Ibíd. Pág. 62

166.- Ibíd. Pág. 69

167.- Ibíd. Pág. 79

168.- Ibíd. Págs. 105-106

169.- Frankl. *La psicoterapia al alcance de todos*. Pág. 23

170.- Fromm. *Ética y psicoanálisis*. Pág. 54

171.- Ibíd. Pág. 98

172.- Ibíd. Pág. 99

173.- Ibíd. Pág. 133

174.- Ibíd. Pág. 31

175.- Ibíd. Pág. 248

176.- Perrés. Págs. 18-19

177.- Ibíd. Pág. 19

178. - Ibíd. Peg. 23

179. - Ibíd. Pág. 25

180. - Morris. *El zoo humano*. Págs. 66-85

181.- Ibíd. Pág. 82

182.- Ibíd. Pág. 94

183.- Fromm. *Psicoanálisis de la sociedad contemporánea*. Págs. 65-68

184. - Ibíd.Pág. 17

185. - Ibíd. Págs. 62-63

186. - Fromm. *El arte de amar*. Págs. 92-95

187.- Fromm. *Ética y psicoanálisis*. Pág. 124

188. - Ibíd. Pág. 87

189. - Ibíd. Págs. 142-143

190. - Ibíd. Págs. 245-247

191. - Fromm. *Psicoanálisis de la sociedad contemporánea*. Pág. 297

192. - Ibíd. Pág. 90

193. - Ibíd. Pág. 66

194. - Ibíd. Pág. 66

195. - Rogers. *Grupos de encuentro*. Pág. 119

196.- Ibíd. Pág. 170

197.- Ibíd. Pág. 126

198.- Watts. *La sabiduría de la inseguridad*. Págs. 59-62

199.- Wilkinson. *Las desigualdades perjudican*. Pág. 18

200.- Ibíd. Pág. 19

201.- Frankl. *La psicoterapia al alcance de todos*. Págs. 51-52

202.- Ibíd. Pág. 27

203.- Ackerman. Págs. 302-307

204.- Werner. *El libro negro de las marcas*. Págs. 36-37

205.- Vance. *Normatividad y liberalización del deseo*. Letra S. Noviembre 2003

206.- La Jornada. 10 de mayo 2003. Pág. 37

207.- Eisler. Vol. II, Págs. 171-172

208.- Crónica ONU. N° 4, 2004. Pág. 61

209.- Concetti. *Sida*. Pág. 28

210.- Ibíd. Pág. 19

211.- Ibíd. Pág. 106

212.- McCary. Pág. 9

213.- Morris. *El zoo humano*. Pág. 27

214. - Masters. Pág. 713

215. - Ibid. Pág. 714

216.- Ibíd. Págs. 715-716

217.- Ibíd. Págs. 8-9

218.- Ibíd. Pág. 232

219.- Ibíd. Pág. 327

220.- Díez Betancourt. La jornada. 27 de agosto 2003. Pág. 44

221.- Boletín Amigos contra el sida. 25 de octubre 2003.

222.- Bonavides. Apuntes en clase

223.- Ibíd.

224.- Masters. Págs. 731-734

225.- El tercer sexo.

226.- Werner. Pág. 274

227.- Ibíd. Pág. 99

228.- Ibíd. Pág. 35

229.- Ibíd. Pág. 11

230.- Ibíd. Págs. 90

231.- Ibíd. Págs. 91-93

232.- Ibíd. Pág. 96

233.- Ibíd. Pág. 90

234.- Ibíd. Pág. 97

235.- Klein.

236.- Werener. Pág. 9

237.- Maslow. *El hombre autorrealizado*. Pág. 201

238.- Fromm. *Psicoanálisis de la sociedad contemporánea*. Pág. 66

239.- Blaffer. Pág. 116

240.- Curran. Letra S, agosto 2002

241.- Zozaya. Letra S, 3 de mayo 2001

242.- Ackerman. Pág. 213

243.- Kraus. *Sida: otra mirada*. La Jornada, 15 de octubre 2003.

BIBLIOGRAFÍA

Abrams, Jeremiah (recopilador) *Recuperar el niño interior.* Editorial Kairós. Barcelona. 1990.

Abstinencia sexual. La tentación Autoritaria. Letra S octubre 2001

Ackerman, Diane. *Una historia natural del amor.* Editorial Anagrama, S.A. Barcelona, 1994

Alvarez Villar, Alfonso. *Sexo y Cultura.* Estudios de psicología de la cultura. Biblioteca Nueva. Madrid, 1971

Amara Pace, Giuseppe. *El Adolescente y la familia. Perfiles educativos.* 60. 1993.

Blaffer Hrdy, Sarah. *Mother Nature. A History of Mothers, Infants, and Natural Selection.* Pantheon Books, New York, 1999.

Boletín de Amigos contra el sida. México, del 19 de mayo 2003

Boletín de Amigos contra el sida. México. 25 de octubre 2003.

Boltvinik, Julio. *Maslow: pobreza como enfermedad*. En Economía Moral. La Jornada, viernes 1 de agosto 2003. Pág. 22)

Bonavides Palacios, Jorge. *Apuntes. Diplomado en Sexualidad, Logoterapia, Terapia Humanista y Tanatología*. Tlalcali A.C. México, 2003.

Bonfil. Carlos. *Promover sexo seguro donde más sexo se practica.* Letra S. 91. Febrero 2004

Burns, Stephen. *Estrés: mensajes químicos cerebrales.* *www.teachelath.com*

Cockburn, Andrew. *Esclavos del siglo XXI*. National Geographic Magazine. Septiembre 2003.

Concetti, Gino. *Sida, problemas de conciencia*. Colección "Familia hoy". Ediciones Paulinas, Caracas, 1988

Crónica ONU, Revista trimestral. N° 1, 2003

Crónica ONU Online Edición. 2002.

Curran, James. Letra S, La Jornada, agosto 2002

Díaz Betancourt, José. *Notiese*. Diario La Jornada. Miércoles 27 de agosto 2003

Eisler, Riane. *Placer sagrado*. Vol. II Nuevos caminos hacia el poder personal y el amor. Editorial Pax México. 1998

El tercer Sexo. National Geographic Channel, programa transmitido el 18 de agosto, 2003.

Frankl, Víctor. La psicoterapia al alcance de todos. Editorial Herder, S.A. Barcelona, 1995

Freíd, John J. *El misterio de la herencia*. Alianza Editorial. Madrid, 1973

Fromm, Erich. *Psicoanálisis de la sociedad contemporánea*. Fondo de Cultura Económica. México, 1955

Fromm. *Ética y psicoanálisis*. Breviarios. Fondo de Cultura Económica. 1957

Fromm, Erich, *El arte de amar*, Editorial Piados, Barcelona, 1959

Fromm, Erich. *El miedo a la libertad*. Editorial Paidós. México. 1984

García Viveros, Mariano. Proyecto de_*Programa de educación para la salud sustentado en valores humanos para desarrollar cualidades para prevenir el VIH/sida y el convivir con quienes la padecen*._México, 2003

Gómez, Oscar Rodolfo. Mensaje del Director de la Asociación Argentina de Investigaciones Psicobiológicas, 1998. *info@aaip.com.ar*

Guerrero, Verónica. Del ideal social a la apatía comunitaria. Revista: Nuestra generación. Suplemento universitario de La Unión de Morelos. Año 6, N° 240. 1° de septiembre 2003.

Hapgood, Fred. *¿Por qué existe el sexo...masculino?* Fondo Educativo Interamericano, S.A.
1981

Hernández, F y Sancho J.M. *Para saber no basta con saber la asignatura*. Paidós. Buenos Aires, 1993.

Hiriart, Vivianne. *Nosotros sexo... ¿Y usted?* Editorial Grijalvo. 2002

Instituto Médico Howard Hughes. *Noticias de Investigación*. Año 2003. E-mail: *webmaster@hhmi.org*.

Julio. *Soltando el lastre del Anonimato*. Manual preparado por Red Asiática y del Pacífico, Red mexicana y Red Latinoamericana de Personas que viven con VIH/sida.

Katsigeorgis, John. *Crónica ONU*, N°4, 2002.

Klein, Naomi. *La prueba del Sida de Bush*. En Masiosare. Domingo 12 de octubre de 2003. (Naomi Klein es autora de *No logo y Vallas y ventanas)*.

Kraus, Arnoldo. *Sida: otra mirada*. La Jornada, 15 de octubre 2003.

Kübler-Ross, Elizabeth. *AIDS, the ultimate challenge*. A Touchstone Book. Simon & Schuster, 1987

Laplanche, Jean. *Vida y muerte en psicoanálisis*. Amorrortu editores. Argentina, 1992.

La Unión de Morelos. Suplemento Universitario. 1 de septiembre 2003.

LeVay, Simon. *El cerebro sexual.* Alianza Editorial, S.A., Madrid, 1995

Levine, Peter A. *Curar el trauma*. Editorial Urano. Barcelona, 1999

McCary, James Leslie. *Sexualidad Humana*. Editorial Manual Moderno. 1996

Masters, William H. Johnson, Virgina E. Kolodny, Robert C. *La sexualidad humana.*
Editorial Grijalvo. Barcelona, 1955

Mannoni, O. Deluz, A., Gibello, B. Y Hébrad, J. *La crisis de la adolescencia.* Editorial Gedisa, 1989

Maslow, Abraham. *El hombre autorrealizado*. Editorial Kairós, 14ª edición, Barcelona, 2001

Morris, Desmond. *El Zoo humano*. Plaza & Janes. S.A. Editores. 1970

Morris, Desmond. *El Mono Desnudo*. Plaza & Janes, S.A. Editores. 2000

Muy Interesante. Revista mensual para saber más de todo. Año XX, N° 3. (Con base en información de Internet: evolution.antro.univie.ac.at/institutes/urbanet.hology.htm l.Web del Instituto Ludwig-Boltzmann.

ONU. Sesión Especial sobre VIH/sida. Campaña 2001. Nueva York, 25-27 de junio 2001.

ONUSIDA. Comunicado de prensa 2001: *El ONUSIDA advierte que el estigma y la discriminación alimentan la epidemia del sida.* Durban, Sudáfrica, 5 de septiembre 2001.

ONUSIDA. *Impacts of AIDS on older population.* Online edition. Fact Sheet. Abril 2002

Organización Internacional del Trabajo. Revista, N° 42, marzo 2002

Pont, Monse. Paricio, David. *El riesgo cero, una utopía.* Letra S. 88 noviembre 2003.

Perrés, José. *Freud, el psicoanálisis y el sida: algunas reflexiones teórico clínicas, (o "la moral sexual 'cultural' y la nervio-sida-d moderna")* Biblioteca de Santiago Ramírez. Publicación de la facultad de Psicología U.A.N.L., 1991

Rao Gupta, Geeta. *Ponencia presentada en la XII Conferencia Internacional de Sida.* Letra S. La Jornada, marzo 2002

Rivers, Kim. Aggleton, Peter. *Las ataduras del género.* Letra S, 92, marzo 2004.

Rogers, Carl. *Grupos de encuentro.* Amorrortu Editores Buenos Aires, 2001

Sánchez, Rocío. *El cuerpo, prohibido, interesante y excitante.* Letra S. 90. Enero 2004.

Sociedad Española de Fertilidad. Boletín 2002, Año 10. Vol.4. www.sefertilidad.com

Scientific American México. Año 1, N° 6.

Temov, Dorothy. *Love and Limerance*. Ed. Scarborough. Steint Day. New York. 1981

Thesenga, Susan. *Vivir sin máscaras*. Editorial Pax. México. 1997

United Nation Chronicle. Online Edition. 2002.

Vance, Carole. *Normatividad y liberalización del deseo.* En letra S, noviembre 2002

Villanueva Reinbeck, Martín A. *Más allá del principio de la autodestrucción.* Editorial El Manual Moderno S.A. de C.V., México, 1988

Watts, Alan. *La sabiduría de la inseguridad*. Editorial Kairós, S.A., Barcelona, 1986

Weeks, Jeffrey, *Los valores y el colapso de las certidumbres morales*. (En Letra S. La Jornada, marzo 2000)

Werner, Klaus. Weiss, Hans. *El libro negro de las marcas.* El lado oscuro de las empresas globales. Editorial Suramericana. Argentina. 2003.

Wilkinson, Richard. *Las desigualdades perjudican. Jerarquías, salud y evolución humana*. Editorial Crítica, S.L. Barcelona, 2001

Winnicott, D.W. *La familia y el desarrollo del individuo.* Ediciones Hormé, S.A.E., Argentina, 1995

Zozaya, Manuel. Letra S, La Jornada, 3 de mayo 2001

Zwingle, Erla. *La mujer y la población*, National Geographic Magazine, Vol. 3, N° 4, octubre 1998

ACERCA DE LA AUTORA

Rosa nació en la ciudad de México el 21 de marzo de 1943. El Licenciada en idioma inglés por la UPAV y traductora profesional.

Vivió 26 años en el extranjero, por ser diplomático su ex marido.

Regresó a radicar a México en 1990. Poco tiempo después, muere su hijo mayor de sida, y tras un largo periodo de duelo y recuperación, comienza a dar conferencias testimonio para prevenir esta enfermedad. Por la misma razón, publica su libro *SIDA: Testimonio de una madre*, y en noviembre de 2004, publica su segundo libro *VIH/sida, causas profundas*, bajo el auspicio de la Fundación Mexicana para la Salud, A.C.

Actualmente tiene dos libros más en Amazon: *La tribu de la arena y otros cuentos para las hijas de la Madre Tierra,* más *Ires y Venires.*

Es miembro de la Asociación Internacional de Padres por Diversidad Sexual, en cuyas seis convenciones ha participado como ponente y coordinadora de mesa.

En septiembre de 2004, inicia una nueva Asociación Civil llamada *Fundación Hacia un Sentido de la Vida, A.C. (www-funsevidaac .org)* de la que es vocal. Dentro de las actividades de esta Fundación presentó y ganó un proyecto en las Convocatorias del CENSIDA de los años 2007, con el video "Homofobia y VIH: Madres y Padres Hablan" y del 2008 con los talleres de 6 horas titulado "Conocer y contrarrestar el bullying por homofobia", que se dio en más de 180 escuelas del estado de Veracruz.

Desde hace más de 18 años, participa activamente en muchas actividades relacionadas con la prevención de la discriminación de todo tipo, pero sobre todo la misoginia y la homofobia.

En diciembre 2011, representa a México en la Consulta Internacional sobre bullying por homofobia, organizada por la UNESCO en Río de Janeiro.

Coordina siete grupos en Facebook:

1.- GRUPO XALAPA LGBTI, de apoyo a madres y padres de personas de la diversidad sexual

2.- BULLYING XALAPA, GRUPO DE APOYO A VÍCTIMAS DE AGRESIÓN

3.- ESCUELA PARA PADRES DE FUNSEVIDA, A.C.

4.- ¿CÓMO VIVIMOS LA SEXUALIDAD? XALAPA

5.- FUNDACIÓN HACIA UN SENTIDO DE LA VIDA, A.C.

6.- NO AL BULLYING: UNIDOS POR EL MUNDO

7.- CRISTIANISMO LGBTI, XALAPA

Tiene publicados 4 libros en Amazon:

Rompecabezas, ya traducido al inglés bajo el título de "Jigsaw".

La tribu de la arena y otros cuentos para las hijas de la madre tierra.
VIH/sida, causas profundas: Manifestaciones de una sociedad enferma, y
De ires y venires

OBRAS DE LA AUTORA

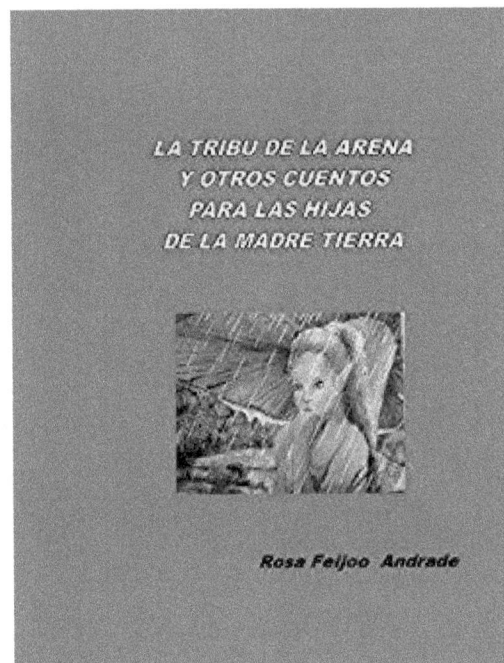

Cuatro cuentos para niñas inspirados en sueños, recuerdos y ensoñaciones. Ilustrados en acuarelas por Rosa Feijoo Andrade.

Dos vidas: madre e hijo. El sida arrebata la vida de José y marca a Rosa para toda la vida. Autobiográfica.

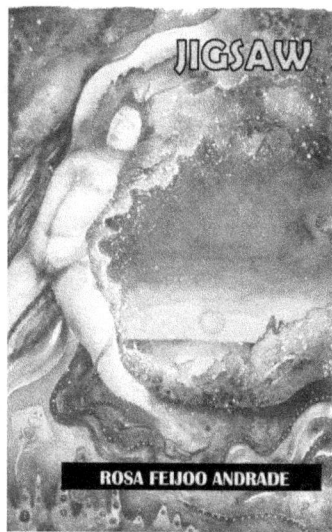

Traducción al inglés de Rompecabezas

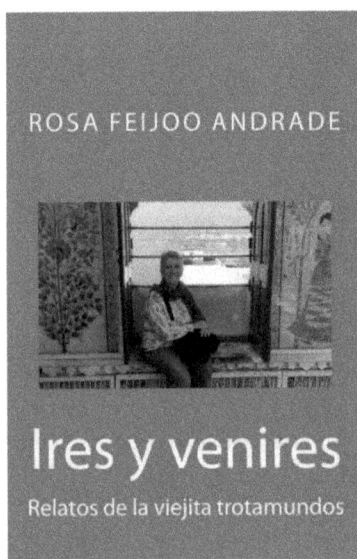

ROSA FEIJOO ANDRADE

Ires y venires

Relatos de la viejita trotamundos

Relato autobiográfico de la vida de la autora, como esposa de diplomático, madre, estudiante y acuarelista, trotando por el mundo por más de treinta años.

SI TE REGISTRAS EN MI LISTA DE CONTACTOS OBTENDRÁS EL LIBRO *ROMPECABEZAS* GRATIS, VIA INTERNET

REGÍSTRATE AQUÍ:

https://us11.admin.mailchimp.com/lists/members/?id=409813

www.ingramcontent.com/pod-product-compliance
Lightning Source LLC
Chambersburg PA
CBHW081646270326
41933CB00018B/3361